Kleine Kulturgeschichte der

Bratwurst

Eine Lieblingsspeise erobert die Welt

Des Schweines Ende
ist der Wurst Anfang

Wilhelm Busch

ISBN 3-89798-132-7

1. Auflage 2005

Gesamtlayout: Ingo Engel für Paxmann/Teutsch Buchprojekte, München
Druck: Jütte-Messedruck, Leipzig
Printed in Germany

Kleine Kulturgeschichte der

Bratwurst

Eine Lieblingsspeise erobert die Welt

VON

DOROTHEA ČERPNJAK

VERLAG FÜR DIE FRAU
BUCH

Vorwort

Die Bratwurst ist kurz oder lang, dick oder dünn, je nach ihrer regionalen Herkunft. In welcher Form auch immer – sie hat seit Jahrhunderten einen festen Platz in den Küchen und Herzen, auf Festplätzen, in belebten Innenstädten und am heimischen Gartengrill. Man glaubt es kaum: Sie war Gegenstand gesellschaftlicher Auseinandersetzungen und hat Kriegsgeschicke beeinflusst. Dichter und Künstler haben der Bratwurst Denkmäler gesetzt, und noch in der zeitgenössischen Kunst findet sich mehr als eine Hommage an das beliebte Fleischereierzeugnis.

Vor allem aber ist die Bratwurst eingebunden in den Alltag und den Jahreskreis der Menschen, und in den Hochburgen der Bratwurstkultur seit jeher Ausdruck ihres Charakters und Geschicks.

Die Bratwurst ist ein vielseitiges und hochwertiges Lebensmittel, das in zahllosen Variationen die Speisezettel bereichert. Flink und facettenreich in der Zubereitung ist sie als nicht wegzudenkender Bestandteil des Tagtäglichen und des Besonderen überall zu finden. Kein Volksfest ohne Bratwurst, kein Markttag ohne ihren verführerischen Duft. Keine Innenstadt ohne Bratwurststand. Sie kommt an Sonntagen auf den Tisch und wird ebenso als schneller Genuss zwischendurch geschätzt und geliebt.

Was aber ist es, das die Bratwurst so unwiderstehlich macht? Warum kann sich kaum jemand ihrer Verlockung entziehen? Ein Streifzug durch ihre Geschichte, die Spurensuche in den regionalen Hochburgen der Bratwurst und jede Menge Zeugnisse ihrer Vielseitigkeit helfen, dieses Geheimnis zu lüften.

Der lange Weg der Bratwurst

vom Grillfeuer des Odysseus bis in die Gegenwart

Jeder kennt sie. Und schon die Vorstellung einer Bratwurst ruft alle Sinne auf den Plan. Sie schmeckt nach unbeschwerten Stunden auf dem Volksfestplatz und nach den Stimmen der Freunde, die sich an lauen Sommerabenden um den Grill versammeln. Sie schmeckt nach der kleinen Auszeit an der Bratwurstbude mitten im hastigen Stadtalltag. Ihr Duft lockt von weit her mit der Versprechung, neben dem Hunger des Magens auch den Seelenhunger zu stillen. Die Bratwurst hält alle Versprechen der Nase, die uns, vom Duft verführt, das Wasser im Gaumen zusammenlaufen lassen. Aber satt werden wir nie. Ein Rest von Lust bleibt immer auf der Zungenspitze und lockt weiter. Denn jede Bratwurst lässt Platz für noch mehr.
In ihrem Formenreichtum setzt die Bratwurst ihre regionale Herkunft lokalpatriotisch ins Bild. Sie schmeichelt dem Auge, wenn sie in Nürnberg klein und zierlich neben dem Sauerkraut liegt. Auf Thüringer Art ins Brötchen geklemmt wirkt sie selbstbewusst und von schlichter Schönheit. Als Mainfränkische Meterwurst protzt sie, zur Schnecke gekringelt, mit ihrer Länge. Und immer betört sie den, der sie genießt, nicht zuletzt auch über sein Ohr. Welch ein Genuss ist das sanfte Knacken des ersten Bissens!

Die Bratwurst in der Antike

Das erste schriftliche Zeugnis der Bratwurst ist an die 2500 Jahre alt und kein geringeres als Homers Odyssee. Odysseus, König von Ithaka, ist nach dem Trojanischen Krieg und zehn Jahren der Irrfahrt endlich nach Hause zurückgekehrt. Von Athene als Bettler getarnt begibt er sich an den königlichen Hof und findet dort eine festliche Gesellschaft vor. Seine treue Frau Penelope wird heftig von Freiern umworben, die Odysseus' Platz einnehmen wollen. Einstweilen messen sie ihre Kräfte im sportlichen Wettstreit und hoffen auf

den ausgelobten Preis für den Sieger, nämlich Ziegenmagen, mit Fett und Blut gefüllt und zum Abendschmaus auf glühende Kohlen gelegt. Für Odysseus geht es ums Ganze. Er mischt sich unter die Kämpfer, besiegt sie alle und überzeugt die anwesenden Gäste von seiner wahren Identität. Diese Wurst hat ihm sicher geschmeckt.

Die gallischen Würste der Römer

Auch die Römer kannten die brutzelnde Köstlichkeit. Tomaculum nannten sie die Bratwurst. Das einfache Volk ließ sie sich beim Wagenrennen oder zu den Gladiatorenkämpfen schmecken, die adligen

Patrizier verspeisten sie auch an der heimischen Tafel, als Imbiss im Stehen oder im Verlauf ihrer Orgien. Eines dieser üppigen Gelage ist mit allen Details berühmt geworden, und die Bratwurst, auf silbernen Rosten rauchend, spielt darin eine wichtige Rolle. Gaius Petronius hat die Begebenheit im ersten Jahrhundert nach Christus aufgeschrieben.

Das Gastmahl des Trimalchio (Cena Trimalchionis) ist Bestandteil des fragmentarisch erhaltenen „Satyricon", das realistisch und in lebensnahem, mit umgangssprachlichen Ausdrücken durchsetzten Latein ein Sittengemälde der damaligen Zeit entwirft. Federico Fellini hat den Stoff 1969 verfilmt. Die Bratwurst-Szene in Fellinis Satyricon ist zwar kurz, aber beeindruckend fleischig. Trimalchios einflussreiche Gäste möchten den Koch dafür ausgepeitscht sehen, dass er ein riesiges, noch nicht ausgenommenes Schwein auf den Tisch gebracht hat. Trimalchio aber lässt nicht die Peitsche holen, sondern fordert den Koch dazu auf, das Versäumte vor den Augen der Anwesenden nachzuholen. Der Koch macht sich verlegen daran, mit zögerlichen Schnitten den Schweinebauch aufzuschlitzen. Da aber quellen aus dem fachkundig präparierten Tier zur Verwunderung und Freude der Gäste gebratene Würste und andere kulinarische Überraschungen hervor.

Römische Bratwurst nach Art des Apicus

Marcus Gavius Apicius (auch Apicus, 1. Jh. v.Chr.) gilt als Verfasser des ersten römischen Kochbuchs. Darin findet sich auch folgendes Bratwurstrezept: „Hacke Fleisch und stampfe es im Mörser mit Weißbrot ohne Kruste, das zuvor im Wein eingeweicht wurde. Ebenso stampfe Pfeffer und nach Belieben entkernte Myrthenbeeren. Forme kleine Klößchen, in die du noch Pinienkerne und Pfefferkörner hineinsteckst. Hülle sie in Wursthaut und koche sie leicht."

Von Priestern, Metzgern und Zünften

Die Römer hielten schon vor Beginn der Zeitrechung große Schweineherden und betrauten gesellschaftlich hoch gestellte Personen mit der Verarbeitung des Fleisches. Das große Ansehen der Metzger geht auf vorchristliche Zeiten zurück, in denen sich die Priester um die Verwertung des Fleisches von Opfertieren kümmerten. Später ging dieses Ansehen in ganz Europa auf den Berufsstand der Metzger über.

Auch im nördlichen Mitteleuropa wurden schon früh Schweine gehalten. In den riesigen Wäldern, die das Gebiet bedeckten, fanden diese Tiere gut und reichlich Nahrung. Da sie den Waldboden nach Eicheln durchwühlten, galten sie als erdverbunden und wurden auch wegen ihrer Fruchtbarkeit hoch geschätzt. Geschlachtet – und geopfert – wurde vor allem zur Zeit der Wintersonnenwende. Aus diesem religiösen Brauch heraus haben sich nach der Christianisierung die winterlichen Schlachttage an den Namenstagen der Heiligen etabliert. Bis heute wird je nach Region an St. Gallus (15. Oktober), Martini (11. November), St. Thomas (21 . Dezember) und St. Antonius (17. Januar) geschlachtet. Der letzte Termin für ein Schlachtfest ist Fastnacht. Vor Beginn der Fastenzeit laben sich die Faschingsnarren gerne ein letztes Mal an Fleisch und Wurst.

Auch im 11. Jahrhundert, als sich in den Städten die Zünfte formierten, gehörten die Metzger zu den reichsten und angesehensten freien Bürgern. Die Zünfte setzten Qualitätsstandards und kontrollierten lokale Märkte, auf denen nur Zunftmitglieder ihre Erzeugnisse feilbieten durften. In ihre Reihen nahmen die Metzger nur ausgewählte Personen auf. Gesellen brauchten einen einwandfreien Leumund und mussten eheliche Kinder von Eltern mit ehrwürdigen Berufen sein – Knechte und Schäfer, Totengräber, Spielleute, Leinweber und Bader gehörten neben vielen anderen nicht dazu.

Auf der Fleischbank

Der Verkauf von Fleisch und Wurst fand in den mittelalterlichen Städten auf den so genannten Fleischbänken statt, offenen, budenartigen Verkaufsständen, die erst im Lauf der Zeit heutigen Geschäften zu ähneln begannen und über kühle Keller zum Lagern der empfindlichen Ware verfügten. Victor Hugo hat um 1840 das Treiben rund um die Fleischbänke in einer lebendigen Schilderung eingefangen. Er erinnert sich in seinen Notizen einer Rheinreise: „Eine der Merkwürdigkeiten Frankfurts, die aber, wie ich besorge, bald verschwinden wird, ist seine Schlachtbank. Sie nimmt zwei alte Gassen ein. Es ist nicht möglich, ältere und schwärzere Häuser sich über üppigere Haufen frischen Fleisches beugen zu sehen. Ich weiß nicht, welche esslustige Heiterkeit auf diesen Fassaden ruht, deren Untergeschoss wie ein tiefer, weit offener Schlund unzählige Ochsen- und Schöpsenviertel [Schafe, Anm. d. V.] zu verschlingen scheint. Blutige Metzger und rosige Metzgerinnen plaudern ganz anmutig unter den Girlanden von Hammelfleisch. Ein roter Bach, dessen Farbe durch zwei spülende Brunnen kaum gedämmt wird, fließt und raucht inmitten der Straße. Als ich durchkam, war sie eben voll schrecklichen Lärmens. Unerbittliche Schlachtknechte mit Herodes-Figuren richteten ein Blutbad unter Spanferkeln an. Die Mägde mit ihren Körben am Arme lachten zu diesem Geschrei." So ungefähr wird das Treiben auf der Fleischbank auch im Mittelalter ausgesehen haben.

Mittelalterliche Brätpanscher

Im 13. Jahrhundert kamen beim Adel und bei wohlhabenden Bürgern ausschweifende Feste in Mode. Taufen, Hochzeiten und Begräbnisse wurden mit zahlreichen Gästen und über mehrere Tage gefeiert. Der hohe Fleischverbrauch der städtischen Bevölkerung führte dazu, dass die Zahl der verfügbaren Schlachttiere gemessen am Bedarf knapp wurde. Die Preise für Fleisch und Wurstwaren stiegen, zugleich sank die Qualität vor allem der Würste, die sich leicht mit minderwertigen Zutaten panschen ließen. Die Metzgerzünfte gerieten zu dieser Zeit zum ersten Mal in Konflikt mit den Verbrauchern und den Stadtverwaltungen, die Maßnahmen zum Schutz der Bürger ergriffen.
1370 wurden in Esslingen erstmals die Größe und das Gewicht von Bratwürsten amtlich festgelegt, zahlreiche Verordnungen anderer Städte folgten. Die Städte setzten Fleischschauer ein mit der Aufgabe, die Qualität von Fleischwaren und Würsten zu überprüfen und Preise festzusetzen. Außerdem erhielt die Bevölkerung die Möglichkeit, auf so genannten Freibänken noch vor den Metzgern Fleisch zu erwerben. Der Viehhandel wurde in dieser Zeit offiziell genehmigt,

die Ausfuhr von Fleisch aber verboten. Auch teilte man die Zünfte zwangsweise in Rinder- und Schweinemetzger auf, nicht zuletzt, um die Wurstpanscherei zu erschweren.

Metzger, die beim Verlängern von Wurstbrät mit minderwertigen Zutaten erwischt wurden, mussten mit Turmhaft oder Prügelstrafe rechnen. In Nürnberg wurden diese unehrenhaften Handwerker dazu gezwungen, ihre Erzeugnisse in die Pegnitz zu werfen. Sie standen anschließend, ins Halseisen geschlossen, am Pranger auf dem Marktplatz. Weit verbreitet war auch die Bestrafung der Panscher im Schnellgalgen, einer Art Käfig, der über einer Jauchepfütze aufgehängt wurde. Dort saß der Sündige, bis er sich dazu überwinden konnte, in die stinkende Pfütze hinunter zu springen und nach Hause zu schleichen.

Vom Schlaraffenland und Riesenbratwürsten

Bratwurst blieb etwas Besonderes, das man sich nur gelegentlich leisten konnte. Kein Wunder also, dass im Schlaraffenland Überfluss an Bratwurst herrschte. Aus dem 16. Jahrhundert sind zahlreiche Schilderungen dieses Wunsch-Landes überliefert. Sie zeigen, dass dort Weinstöcke mit Bratwurst gebunden wurden, sie als Baumaterial für Häuser diente und zum Flechten von Zäunen. Im Gegenzug zu dieser Üppigkeit fehlt es aber auch nicht an eindringlichen Darstellungen der höllischen Strafen, die dem Genusssüchtigen im Jenseits drohen – die berühmtesten malte Hieronymus Bosch.
Bratwurstliebhaber schreckte das nicht ab. Sie blieben der Königin der Würste treu und entdeckten neue Varianten des Umgangs mit ihr. 1691 fanden sich im ersten Nürnberger Kochbuch der „vortrefflichen Köchin Gemerck-Zettul" bereits sechs Bratwurstmahlzeiten, darunter eine Bratwurstsuppe und Bratwurstknödlein.

Etwa zu dieser Zeit begannen die Metzgerzünfte Umzüge zu veranstalten. In vielen Regionen stellten sie zu diesem Zweck Riesenbratwürste her, die sie zu Neujahr oder an Fastnacht durch die Straßen trugen. Die Metzger wetteiferten um die schwerste oder die längste Bratwurst, stellten dabei ihr handwerkliches Können zur Schau und machten auf ihre köstlichen Erzeugnisse aufmerksam. Diese frühe Form der Public Relations nutzte nicht zuletzt den Armen und Kindern der Stadt, die sich an den gigantischen Würsten labten.
Die wohl berühmteste Riesenbratwurst aus dieser Zeit ist die Königsberger Jahrhundertwurst, mit der die Bürger der Stadt am Silvestertag 1600/1601 das neue Jahrhundert begrüßten. Mehr als hundert Metzgerknechte sollen zu diesem Anlass an der über 600 Meter langen Wurst gearbeitet haben.

Bratwurst-Gewürze

Lange Zeit stand den Metzgern nur Salz zur Verfügung, um die Bratwurst zu verfeinern. Als aber der Handel mit Gewürzen zu blühen begann und in der Folge auch exotische Gewürze zu vergleichsweise moderaten Preisen erhältlich wurden, experimentierten die Fleischer mit unterschiedlichen Mischungen. Vieles erwies sich als kurzlebige Modeerscheinung. Doch einige der neuen Gewürze prägen den Charakter der Bratwurst bis heute.

Ingwer. Die getrocknete tropische Wurzel ist Bestandteil fast aller fertigen Gewürzmischungen für Bratwürste.

Kardamom ist eine Kapselfrucht. Zum Würzen werden vorwiegend die Samenkörner des Kardamomstrauches verwendet. Sie haben eine stärkere Würzkraft als die Fruchtschale, die ebenfalls als Gewürz dient.

Kümmel enthält in seinen Samen das ätherische Kümmelöl. Es ist eines der ältesten europäischen Gewürze.

Macis oder Muskatblüte findet sich in nahezu jeder Bratwurst. Das Gewürz rundet ihren Geschmack ab. Die Muskatnuss ist von einem roten Samenmantel umgeben, der zum Würzen getrocknet wird. Er ist milder im Geschmack als die Nuss selbst.

Majoran wird in Deutschland, Tschechien und Ungarn angebaut, in bester Qualität vor allem in Franken und Thüringen. Die Würzkraft steckt im ätherischen Majoranöl aus den Blättern des Majorankrautes.

Pfeffer jeder Farbe wird aus der Frucht des Pfefferstrauches hergestellt. Die unreif geerntete Pfefferbeere (grüner Pfeffer) wird getrocknet (schwarzer Pfeffer) und erhält nach einem Gärungsprozess ihre weiße Farbe.

Piment besteht aus den unreif geernteten Früchten des Pimentbaumes, der in Mittelamerika wächst. Das nelkenartige Gewürz hat einen pfefferscharfen Geschmack.

Thymian wird vor allem im Mittelmeerraum angebaut, aber auch in Franken. Als Gewürz dienen die Blätter des Strauches, die Thymianöl enthalten.

Zitronenschale verleiht einen frischen, anregenden Geschmack.

Bratwurst für den Frieden

Die erste Hälfte des 17. Jahrhunderts war gezeichnet vom Dreißigjährigen Krieg. Europa erholte sich lange nicht davon. Doch gerade in den dunklen Epochen voll Tod und Entbehrung, so berichten zahlreiche Legenden, spielte die Bratwurst eine wichtige Rolle. Sie rettete Menschenleben und bewahrte ganze Städte vor der Zerstörung. Belagerungen sollen aufgegeben worden sein, weil frischer Bratwurstduft über die Stadtmauer quoll. Er entmutigte die feindlichen Soldaten, die selber Hunger litten und ja nicht wissen konnten, dass die provokativ gegrillten Würste das letzte Lebensmittel hinter den Mauern waren.

Die Geiselwinder rettete der Legende nach nicht ihre eigene, sondern eine Bratwurst des Feindes. Als die ausgehungerten Bewohner des Städtchens eine Delegation ins schwedische Lager entsandten, die faire Kapitulationsbedingungen aushandeln sollte, trafen sie den Heeresführer, General Murrmann, eine Bratwurst essend an. Er war nicht verhandlungsbereit, und so zogen die stolzen Geiselwinder bald unverrichteter Dinge wieder ab, mit den Worten: „Nun, so wolle Gott uns helfen, dass ihr nicht in unsere Mauern kommt". – „So wahr ich diese Wurst in Händen halte, komme ich hinein!", soll Murrmann darauf erwidert haben. Dass ihm in diesem Augenblick eine Katze auf die Schulter sprang und ihm die Wurst aus der Hand stahl, hat binnen kürzester Zeit jeder gewusst. Das Heer war durch den Mundraub entmutigt. Die Geiselwinder aber fanden Kraft, weiter zu widerstehen. Murrmann ist erst viel später als steinernes Standbild in die Stadt gelangt.

Bratwurstidyllen

Es folgten ruhige Zeiten für die Bratwurst. Erst im Biedermeier erhielt sie wieder Gelegenheit, mit großem Schwung neues Terrain im Herzen der Leute zu erobern. Die Jugendbewegung der Wandervögel und andere Liebhaber der Natur entdeckten zu Beginn des 19. Jahrhunderts auf ihren Streifzügen durch's Grüne eine neue Form des Bratwurstgenusses. Sie grillten sie selber. Bratwurst als praktisches Grillgut für unterwegs wurde äußerst beliebt, und an den bekanntesten Ausflugszielen entstanden bald feste Grillplätze, an denen die Ausflügler in kleinen Gesellschaften ihre Würste auf's Feuer legen konnten. Auch in der Gartenlaube hielt die Bratwurst im Biedermeier Einzug. Das kleine, private Glück der über glühender Holzkohle auf eigenem Rost brutzelnden Bratwürste gewann schlagartig große Bedeutung.

Die Bratwurst wurde zum Kult. Eifrig transportierten die Hausfrauen frische Würste zwischen zwei Tellern nach Hause und beglückten damit Familie und Freunde. Nicht nur in ihrer unmittelbaren Nähe: Reitende und fahrende Boten lieferten neben Postpaketen und Briefen neuerdings auch Wurstpakete in alle Himmelsrichtungen aus.

Goethes und Jean Pauls Bratwurst-Vorlieben

Zu den vornehmen Empfängern solch köstlicher Fracht gehörte auch Johann Wolfgang Goethe. Er pflegte nicht nur, wie Zeitgenossen bezeugten, ein inniges Verhältnis zur Thüringer Bratwurst, sondern ließ sich auch regelmäßig Rostbratwürste von Nürnberg nach Weimar schicken. In seinem Lustspiel „Scherz, List und Rache" spiegelt sich seine Freude an den kulinarischen Leckerbissen in einer seiner Figuren:

„Nur von fern ein Gastmahl wittern,
macht mir alle Glieder zittern,
Würste, Braten und Pasteten,
sind imstande, mich zu töten."

Auch Jean Paul bekam von seinem Verleger Nürnberger Bratwürste nach Bayreuth gesandt. Für eine der glücklich angekommenen Sendungen bedankte er sich 1813 mit den viel zitierten Worten: *„Die Würste sind meinem Magen schöne Vergissmeinnicht von Nürnberg."*

Es verging nicht mehr viel Zeit, bis die Verpackung von Bratwurst in Dosen ihre Verteilung in aller Welt erleichterte. Gleichzeitig begüns-

600 Jahre Thüringer Rostbratwurst. Thüringens Ministerpräsident Dieter Althaus im Januar 2004 auf der Grünen Woche in Berlin.

tigte die beginnende Industrialisierung die massenhafte Produktion von Bratwurst. Moderne Maschinen wie Dampfwölfe, Wurstfüllmaschinen, gasbetriebene Wiegemesser und die aus Amerika herüber gebrachten Schnellschneidemaschinen, die Kutter, gewannen bei der Herstellung der pikanten Leckerei zunehmend an Bedeutung.

600 Jahre Bratwurst

Die Bratwurst hat von ihrer Faszination nichts verloren. Sie schlägt bis heute auf allen Märkten und auf jeder Art von Volksfest Jung und Alt in ihren Bann. Noch immer werden Bratwurstrekorde verzeichnet und laufend überboten, die längste Bratwurst misst inzwischen über fünf Kilometer. Und nach wie vor krönen Riesenbratwürste Festumzüge: Am Tag der Deutschen Einheit, 1994 in Berlin, war eine 1000 Meter lange Jenaer Bratwurst mit dabei.

Zehn Jahre später, im Jahr 2004, feierte die Bratwurst in Gestalt der Thüringer Rostbratwurst ihren 600sten Geburtstag. Thüringens Ministerpräsident Dieter Althaus ließ sich im Januar ein Exemplar des Geburtstagskindes schmecken, medienwirksam auf der Grünen Woche in Berlin. Gefeiert wurde zu diesem Anlass die Wurst selbst und zugleich ihr Vormarsch in die Welt, auf dem sie rechtzeitig zu ihrem 600sten Geburtstag Hanoi erreicht hat. Ein deutsch-vietnamesisches Gemeinschaftsunternehmen stellt dort Thüringer Bratwurst her und ist mit seiner Geschäftsidee sehr erfolgreich.

Die ganz große Geburtstagsparty für die Bratwurst stieg im Mai auf dem Erfurter Domplatz. Sie begann mit einem gemeinsamen Feuermachen an den Bratwurstrosten. Kulinarischer Höhepunkt der Veranstaltung mit vielen prominenten Gästen war Thüringer Rostbratwurst als Sonderfertigung in vier verschiedenen Geschmacksrichtungen.

Bratwurstkunst und -marketing

Mehr denn je profilieren sich heute einzelne Regionen in Thüringen und Bayern mit ihren lokalen Bratwurstspezialitäten und setzen dabei auf modernes Marketing. Die prominentesten Bratwurst-„Mar-

ken" haben eigene Internetseiten und lassen ihre Interessen von gemeinnützigen Vereinen erfolgreich vertreten. Stadtverwaltungen machen Bratwurst-PR, und nicht selten ist der Bürgermeister persönlich mit dieser Kommunikationsaufgabe betraut. Denn die Bratwurst hat traditionsbewusste und anspruchsvolle Verbraucher.

Nachrichten über Massentierhaltung und Tiertransporte, Hormonskandale und der BSE-Schock haben vor allem das Qualitätsbewusstsein der Verbraucher geschärft. Nicht von ungefähr wählten die Leser der Thüringer Allgemeinen Zeitung 2003 zur Besten des Jahres eine Bratwurst, für die der Hersteller Aschara durchgängige Produktions- und Absatzketten garantiert. „Wir füttern selbst, wir verarbeiten selbst, wir verkaufen selbst" verspricht die Firma, die mehrfach ausgezeichnet wurde und sich laufenden Qualitätskontrollen unterwirft.

Ein eindrucksvoller Spiegel des komplexen Bildes moderner Bratwurstleidenschaft ist das Werk der Münchner Künstlerin Gisela Hellinger. Die Meisterschülerin Daniel Spoerris beschäftigt sich seit den 80er Jahren thematisch mit der Bratwurst. Sie hat ihre Werke schon in mehreren Ausstellungen der Öffentlichkeit vorgestellt. Ihre der Bratwurst gewidmete Kunst ist so facettenreich wie ambivalent und wurzelt in der innigen Verbundenheit der gebürtigen Fränkin mit der Bratwurst, seit Kindertagen. Gisela Hellingers Arbeiten sprechen vielen heimatverbundenen Bratwurstfans aus der Seele.

Bild links: Sulzfelder Meterbratwurst

Was ist eine Bratwurst?

Ein Streifzug durch Bayern und Thüringen

Seit es die Bratwurst gibt, ist sie Ausdruck der Lebensfreude und steht für das Besondere, denn eine Bratwurst braucht eigentlich Geselligkeit. Seit Jahrhunderten krönt die Bratwurst Feier-Tage, ist Sinnbild unbekümmerter Zufriedenheit und fester Bestandteil des Schlaraffenlandes. Bratwurst ist voller Lust und Erdenschwere, und an einigen Orten ist sie zu bestimmten Zeiten so etwas wie der Mittelpunkt des öffentlichen Lebens.

Wo die Bratwurst herkommt

Die Bratwurst ist ein hochwertiges Lebensmittel. Je nach ihrer Herkunft besteht sie vor allem aus magerem Muskelfleisch vom Schwein, einem Anteil Speck und den ihren regionalen Charakter prägenden Gewürzen. Das Bratwurstbrät (die im Kutter zerkleinerte Füllung) wird locker in Naturdarm vom Schwein oder Schaf gestopft und dann roh, gebrüht oder geräuchert, lang oder kurz, dick oder dünn auf den Grill gelegt, in der Pfanne gebraten, im Topf gekocht oder roh verzehrt.

Bratwürste gibt es in verschiedensten Formen in allen Winkeln der Welt. Zu Hause aber ist sie in Landschaften und Städten Thüringens, Frankens und der Oberpfalz. Hier ist die eigentliche Heimat der Bratwurst, und nur hier ist sie in jedem Fall mehr als ein köstliches Lebensmittel. Nämlich Weltanschauung, Identität, Kultur.

Wo genau die Bratwurst herkommt, darüber lässt sich in Thüringen und Bayern genüsslich streiten. Lange galt die Rezepturkunde der Nürnberger Metzgerzunft von 1595 als das älteste Dokument in Sachen Bratwurst. Doch im Jahr 2000 entdeckte Archivar Peter Unger eine Rechnung aus dem Jahr 1404, in der die Lieferung von Schafsdärmen für Bratwürste an das Arnstädter Jungfrauenkloster in Thüringen verzeichnet ist: „1 gr vor darme czu brotwurstin"

Wurstküche an der Donau in Regensburg

(1 Groschen für Bratwurstdärme). Die Urkunde kann in der Thüringischen Staatsbibliothek in Rudolstadt begutachtet werden. Sie sagt allerdings nichts darüber aus, von welcher Art die damals hergestellten Würste waren.

Eine noch viel ältere Bratwurstlegende führt ebenfalls nach Thüringen und zurück ins siebte Jahrhundert, dorthin, wo die Schwarza den Thüringer Wald verlässt. Sorbische Siedler drangen zu dieser Zeit bis zur Saale vor und brachten die Bevölkerung in Bewegung. Irgendjemand aus dieser Gegend soll der Erste gewesen sein, der unterwegs und unter widrigen Umständen das als Proviant mitgeführte Fleisch gleich in der Verpackung gebraten hat. Weil das so viel schneller und praktischer ging. Und wenn nun dieses Fleisch in kleine Stücke geschnitten und in Darm verpackt war, so hat er sich tatsächlich eine Bratwurst gebrutzelt.

Innenraum des historischen „Bratwurstglöckls" in Nürnberg

Legendäre Bratwurstbuden

Fast ebenso umstritten wie die Frage nach der geografischen Herkunft der Bratwurst ist die Frage nach der ältesten Bratwurstbude in unseren Breiten. Lange diskutierten vor allem die Städte Regensburg und Nürnberg diese Frage kontrovers. Doch es ist eine Tatsache, dass in Regensburg schon 1134 eine Brotzeithütte für die Erbauer des Regensburger Doms in dessen Nachbarschaft stand. Dass sich die Handwerker mit Bratwürsten für die Arbeit stärkten, hat bisher noch keiner widerlegt. Und dass im Jahr 1146, als die Bauarbeiten an der Steinernen Brücke über die Donau fast fertig gestellt waren, gleich neben dem Regensburger Salzhaus die „Wurstkuchel" an die Stadtmauer angebaut wurde, ist belegt. Sie hat Hafenarbeiter und die Besucher des nahen Weinmarkts mit warmen Wurstgerichten versorgt. Es sieht also ganz so aus, als gebührte die Ehre, das älteste Bratwursthaus zu beherbergen, zu Recht den Regensburgern.

Trotzdem steht das berühmteste Bratwursthaus in Nürnberg, was niemand bestreiten wird. Das Nürnberger Bratwurstglöcklein wurde Anfang des 14. Jahrhunderts an die Außenwand der Moritzkapelle angebaut. An einem Mauervorsprung der Kapelle hing eine Glocke, und so ist die berühmte Gastwirtschaft zu ihrem Namen gekommen. Die kleinen Bratwürste, die dort angeboten wurden, lobten schon bald viele berühmte Leute, unter ihnen als eine der ersten die Königin von Rumänien. Zunächst teilte sich das Bratwurstglöcklein die Kundschaft mit den umliegenden Branntweinständen. 1487 ist die Existenz der Garküche erstmals schriftlich belegt, als „Glöcklein Peim Koch" und als „Koch pei sant Sebolt", der späteren Sebaldkirche. 1655 erwarb Hannsen Vischern das Kleinod von der Stadt Nürnberg. Er unterkellerte und vergrößerte das Glöcklein, und das einst kleine Haus wurde zum Mythos. Gerne wird das Bratwurstglöcklein in einem Atemzug mit dem Auerbachs Keller in Leipzig genannt, wo Faust und Mephisto beieinander saßen. Das Bratwurstglöcklein ist von jeher eine Goldgrube gewesen und hat im Lauf der Jahrhunderte viele Berühmtheiten ein und aus gehen sehen. Unter ihnen waren namhafte Zeitgenossen Albrecht Dürers, der Bildhauer Adam Kraft zum Beispiel, die Erzgießerfamilie Vischer, der Schriftsteller und Meistersinger Hans Sachs, um nur einige wenige aus dieser Zeit zu nennen. Kurioserweise gibt es ein „Nürnberger Bratwurst Glöckl" auch in München und zwar schon seit 1893. Der Franke Simon Bäumler benannte seine Wirtschaft an der Münchner Frauenkirche nach dem berühmten Vorbild, und die Nürnberger hatten nichts dagegen. Sie selbst servieren die legendären Glöcklein-Rostbratwürste heute am Rathausplatz und im Handwerkerhof. Denn das historische Glöcklein lag 1945 neben den Trümmern von St. Sebald in Schutt und Asche.

Bratwurstregionen

Jede gute Bratwurst ist saftig, knackig und schmeckt wie der Himmel auf Erden. Ansonsten sind die Würste so unterschiedlich wie die Landschaften, aus denen sie stammen. Die folgenden Bratwurst-Porträts sind nur eine kleine Auswahl der größten regionalen Berühmtheiten und ein Versuch, sich dem unerschöpflichen Reichtum des Phänomens Bratwurst ein Stück weit zu nähern.

Jede Bratwurst enthält etwas andere Zutaten, wenn der Hauptbestandteil auch immer das Schweinefleisch ist. Außerdem mehr oder weniger Fett, ohne das die Bratwurst nicht auskommt, wenn sie über der Hitze des Feuers saftig bleiben soll.

Eine hohe Kunst, nie ganz gelüftetes Geheimnis und vielerorts eine Philosophie ist das Würzen des Bräts. Hierfür kommen je nach Region die unterschiedlichsten Zutaten zum Einsatz. Am wichtigsten sind Salz, Majoran und für die Thüringer Bratwurst der Kümmel.

Nicht zuletzt spielt für das Aroma der Bratwurst das Holz eine Rolle, über dem sie gebraten wird. In Rothenburg wird Tannen- und Wacholderreisig verwendet. Die Coburger Bratwurst brutzelt über Kiefernzapfen, in Thüringen und Nürnberg werden vorwiegend Buchenscheite verbrannt.

Die Nürnberger Bratwurst ist die kleinste und sie misst auch in Regensburg und München nicht mehr als zwölf Zentimeter. In Mittelfranken mag man die Bratwurst schon größer, dort hat sie außerdem eine gröbere Füllung und ist kräftiger gewürzt als im Süden. Wenn man der Bratwurst noch weiter nach Norden folgt, wird sie länger, ihre Füllung wieder feiner und der Geschmack weniger würzig. In Thüringen ist die Bratwurst am stattlichsten. Mit einem Durchmesser von an die drei Zentimeter und 20 Zentimetern Länge macht sie auch einzeln genossen ziemlich satt. Den Längenrekord hält die Mainfränkische Meterwurst, die zur Schnecke gerollt einen Meter misst. Dabei bringt sie etwa ein Pfund Gewicht auf die Waage.

In der Frankfurter Innenstadt (nach Anton Burger)

Thüringer Bratwurst

In seinem Schelmenroman „Simplizissimus" empfiehlt Johann Jakob Christoffel von Grimmelshausen schon 1669, die dunkelbraunen, knackenden, duftenden Würste doch unbedingt zu kosten. Die Rede ist von der Thüringer Rostbratwurst. Sie schmeckt bereits seit Jahrhunderten, und schon immer nehmen es Metzger und Konsumenten ganz genau mit der Herstellung dieser Würste. Im Jahr 1613 legt die „Ordnung für das Fleischerhandwerk zu Weimar, Jena und Buttstädt" fest, dass in der Thüringer Rostbratwurst nichts anderes als Schweinefleisch enthalten sein darf. Im Thüringisch-Erfurterischen Kochbuch von 1797 ist die Zutatenaufstellung detaillierter, das Buch listet neben dem Fleisch auch Schweinefett, Salz, Pfeffer, Zitronenschale und Kardamom auf.

Heute enthält Thüringer Rostbratwurst – in Ostthüringen auch Roster genannt – je nach Region auch einen Anteil Kalb- oder Rind-

fleisch. Die Wurst ist 15 bis 20 Zentimeter lang, mittelfein, steckt roh oder gebrüht im engen Naturdarm und schmeckt herzhaft würzig. Im Bratwurstwinkel zwischen Weimar, Saalfeld und Pößneck wird sie nur mit Salz, Pfeffer und Kümmel gewürzt, weiter südlich dürfen auch etwas Majoran und ein wenig Knoblauch ins Brät.
Vor der Zubereitung wird die Wurst nach altem Brauch geschlenkert. Dazu packt man sie an den Enden, lässt sie mit Schwung rotieren und verschließt so die Zipfel. Danach wäscht man die Wurst mit klarem Wasser ab und legt sie auf den mit Speck eingeriebenen Rost über gut durchgeglühte Holzkohle. Echte Bratwurstprofis platzieren die Bratwürste längs zu den Bratrost-Stäben, damit sie schön gerade bleiben. Das Feuer wird, wenn nötig, mit Bier auf die richtige Temperatur gebracht. Thüringer Rostbratwürste bekommen auf dem Grill eine kräftige Farbe und dürfen im Gegensatz zu allen anderen Bratwürsten auch mal platzen, sollen es sogar, damit der Duft des Feuers sie ganz durchdringt.
Gegrillte Thüringer Würste genießt man im aufgeschnittenen Brötchen und mit mildem Born Senf aus Erfurt oder Altenburger Senf. Ein gut gekühltes Thüringer Bier passt immer. Es bringt den Geschmack der Wurst erst richtig zur Geltung. Vom Teller genossen gehören Kartoffeln, Sauerkraut oder Thüringer Klöße zur Bratwurst.

Die Luther-Wurst

Eine berühmte Bratwurst-Anekdote erzählt man sich über Martin Luther. Angeblich soll er in einem Erfurter Wirtshaus eine Bratwurst schuldig geblieben sein, die bis zum Siebenjährigen Krieg an der Wirtshaustür angekreidet war. Ein preußischer Husar soll die Schuld schließlich für Luther gelöscht haben. Allerdings werden auch in anderen Orten Geschichten wie diese um Luther gesponnen und es bleibt letztendlich fraglich, ob und wo er in der Eile des Aufbruchs nun wirklich seine Bratwurst zu bezahlen vergessen hat. Was hingegen unstrittig zu sein scheint: dass auch Martin Luther Bratwurst geschmeckt hat.

Bratwurst in Franken

Fränkische Bratwurst wurde lange Zeit vor allem als sonntägliches Festessen genossen. Aus der Pfanne, als Blaue Zipfel (aus dem Essigsud mit Zwiebeln) oder geräuchert. Im Allgemeinen ist sie an die 15 Zentimeter lang und besteht aus Schweineschulter, fettarmem Schweinebauch, reichlich Majoran, schwarzem Pfeffer, Salz und einer winzigen Prise Muskat, außerdem Knoblauch, Kümmel, Thymian und Oregano. Die frische Bratwurst muss das Aussehen von Hackfleisch in der Wurstpelle haben.

Zur Fränkischen Bratwurst gehören traditionell Sauerkraut und Kartoffelsalat. Ebenso gerne wird sie mit Bauernbrot und frischem Meerrettich gegessen, dazu ein süffiges Bier oder ein guter Schoppen Frankenwein. Am Bratwurststand bekommt man sie in „Weckla“ (Brötchen) eingeklemmt. Auf jeden Fall isst man sie ohne Senf.

Coburger Bratwurst

Eine der berühmtesten Vertreterinnen der Fränkischen ist die Coburger Bratwurst, die zugleich aber auch fast eine Thüringerin ist. Denn Coburg gehört erst seit dem Volksentscheid von 1920 zum bayerischen Oberfranken. Eine echte Coburger Bratwurst besteht aus relativ fettreichem Schweinefleisch und einem mindestens 15prozentigen Anteil Rindfleisch. Sie wiegt 85 bis 95 Gramm. Coburger Bratwurst ist grob gekörnt, etwa 25 Zentimeter lang und steckt im so genannten „Bändel“, dem Dünndarm vom Schwein mit naturbelassener Fettschicht. In dieser Hülle trocknet die Wurst nicht aus, wenn sie über dem offenen Feuer brät.

Fast alle der über fünfzig Mitgliedsbetriebe der Fleischerinnung von Coburg Stadt und Land stellen Coburger Bratwürste her – insgesamt etwa eine Tonne Coburger Bratwürste täglich! Damit führen sie eine alte Tradition fort, denn die Existenz der Coburger Bratwurst ist schon lange schriftlich belegt. Zum ersten Mal wurde sie auf einem

Fleischerladen zur Biedermeierzeit

Speisezettel des Coburger Georgenspitals von 1498 vermerkt. Dort heißt es, dass an Fastnacht jedem Armen im Spital und allen Coburger Kindern zwei Bratwürste gegeben worden sind.

Von den großen Bratwurst-Mengen, die seit jeher in Coburg verzehrt werden, berichtet der Komponist Karl Friedrich Zelter. Er ist so beeindruckt von der Lust der Coburger an ihrer Bratwurst, dass er seinem Freund Johann Wolfgang von Goethe in einem Brief berichtet: „Seit heute früh 6 Uhr werden hier vor meinem Fenster, auf dem Platz, auf zehn verschiedenen Feuern, Würste gebraten; sollte dies Blatt danach duften, so weißt du, woher es kommt. Es sollen hier auf den zwei Markttagen jede Woche an die 10 000 Würste gebraten werden, das wäre auf jede Coburger Seele eine Wurst."

Das Coburger Bratwurstmännlein

Seit Mitte des 17. Jahrhunderts steht in der Stadt Coburg auf dem Rathausdach über der Uhr der Heilige Mauritius. Der römische Legionär und Märtyrer ist offizieller Schutzpatron von Coburg und wacht inoffiziell auch über die Coburger Bratwurst. Denn der Stab, den er in der Hand hält, gilt den Bürgern der Stadt seit jeher als Bratwurstmaß. Eine ordentliche Coburger muss so lang sein wie er. Allerdings steht erst seit 1982 genau fest, wie lang dieser Stab wirklich ist, bis dahin hing demnach die Bratwurstlänge in Coburg vom wechselnden Blickwinkel der Metzger und Bratwurstverbraucher ab. Die Feuerwehr machte es bei der Vorführung einer neuen Drehleiter amtlich: Der Stab des Heiligen Mauritius ist genau 31 Zentimeter lang.

Kulmbacher Bratwurst

Die nächste Verwandte der Coburger Bratwurst ist die Kulmbacherin. Das Brät für diese Bratwurst ist sehr viel feiner und heller als das der Coburger. Man isst sie im „Stolla" genannten Brötchen, das mit einem Hauch Anis gewürzt ist.

Fränkische Weinbratwurst

Wenn eine Gegend reich an Wein und stolz auf ihn ist, ergibt es sich fast zwingend, dass er irgendwann seinen Weg in die Bratwurst findet. So ist es tatsächlich geschehen. In verschiedenen Gegenden Bayerns wird nicht nur der so genannte Bratwurstwein aus speziellen Rebensorten zur Wurst serviert, sondern Bratwurst unter Zugabe von Wein hergestellt. In der Schweinfurter Gegend zum Beispiel sind Weinbratwurst-Rezepte schon aus der Zeit um 1900 nachgewiesen. In Würzburg erlebte sie in den 80er Jahren eine Renaissance, als die Würzburger auf der Suche nach einer regionaltypischen Bratwurst für die eigene Stadt einen Wettbewerb ausschrieben. Die neue Würzburger Weinbratwurst ging als Siegerin aus diesem Wettbewerb hervor.

Die Fette Küche (nach Pieter Breughel d. Ä., 1563)

Sulzfelder oder Mainfränkische Meterbratwurst

Mindestens ebenso extravagant wie die Weinbratwurst mutet eine Spezialität aus Sulzfeld an. Die Mainfränkische Meterbratwurst, oder Sulzfelder, besticht bei einem Durchmesser von zehn bis 15 Millimetern durch ihre Länge. Wer ordentlich Hunger hat, bestellt einen halben oder sogar einen ganzen Meter der kultigen Speise und bekommt dazu Sauerkraut, Brot und Wein aus Sulzfeld.

Die Sulzfelder Meterwurst besteht aus magerem Schweinefleisch, Speck, Salz und Gewürzen. Sie wird in Sulzfeld von mehreren Metzgereien hergestellt und ist weniger kräftig gewürzt als in anderen Regionen für Bratwürste üblich. Erdacht hat die Sulzfelder Meterwurst 1952 der Metzgermeister und Wirt Lorenz Stark. Einer seiner Stammgäste fasste damals seine Freude über Schoppen und Bratwurst in die folgenreichen Worte: „Die Wurscht könnt ich meterweis ess!" Angeblich hat Lorenz Stark schon eine halbe Stunde später die erste Meterwurst hergestellt und frisch gebrutzelt auf den Tisch gebracht. Seitdem zieht die Meterwurst Bratwurstliebhaber und Rekord-Esser magisch an. Den aktuellen Rekord hält der 19-jährige

Andreas Schäfer aus Naila. Er hat es geschafft, sagenhafte 5,60 Meter Sulzfelder Bratwurst zu verspeisen – nebst Beilagen.

Blaue Zipfel

Eine berühmte Variante der Fränkischen Bratwurst sind die Blauen Zipfel, auch Bamberger Bratwürste oder Saure Zipfel genannt. Man brät sie nicht, sondern lässt sie in einem gut durchgekochten Sud aus Essigwasser und Gewürzen ziehen. Ihren Namen verdanken sie der charakteristischen Farbe, die sie im Sud annehmen. Blaue Zipfel werden mit frischen Brezen und Bamberger Rauchbier genossen. Sie sind in weiten Teilen Mittel-, Ober- und Mainfrankens sehr beliebt.

Nürnberger Rostbratwurst

Nürnberger Rostbratwürste, in ihrer Heimatstadt Werschdla oder Broadwerschtla genannt, sind die kleinsten und berühmtesten Vertreter der Gattung Bratwurst. Sie wiegen gerade einmal etwas über 20 Gramm und sind nicht länger als eine Fingerspanne. Am besten schmecken sie frisch vom Grill und als „Drei in am Weckla" ins längs aufgeschnittene Brötchen gelegt. So kann man sie an den Nürnberger Bratwurstbuden kaufen. Für eine volle Mahlzeit gehört noch Sauerkraut dazu, auch Kartoffelsalat oder Meerrettich, kräftiges Bauernbrot und ein würziges Bier. Die Nürnberger Bratwurst wird aus Schweinefleisch und Schweinebauch ohne Schwarte hergestellt. Typisch ist die Würzung mit Majoran. Je nach Rezept enthält die Bratwurst außerdem mehr oder weniger Salz und Pfeffer, Ingwer, Kardamom und Zitronenpulver. Das zerkleinerte und gewürzte Fleisch wird in Schafdarm gefüllt und locker gestopft, bevor es in den traditionellen Metzgereien roh verkauft wird.
Im Nürnberger Raum gibt es an die 150 Metzgereien, die Nürnberger Bratwürste produzieren. Vier Produzenten stellen sie im industriellen Maßstab her.

Oberpfälzer Bauernseufzer

Die dunkel geräucherten Oberpfälzer Bauernseufzer – auch Schlotengerl, geräucherte Bratwurst oder Bauernbratwurst genannt – sind 15 bis 20 Zentimeter lang und 125 Gramm schwer. Sie können kalt oder warm gegessen werden – am besten sind sie frisch aus dem Rauch mit geriebenem Meerrettich. Man kann sie aber auch etwa zehn Minuten in heißem Wasser sieden. Dazu passen dunkles Bauernbrot und Sauerkraut.

Es gibt viele verschiedene Erklärungen für die Herkunft der Bezeichnung „Bauernseufzer". Eine stammt aus der Zeit, als Bratwurst nur an den bäuerlichen Schlachttagen und danach nur für kurze Zeit zum Genuss bereit stand. Natürlich brachten die Bauern die fein geräucherten Würste stolz auf den Tisch, wenn Gäste da waren. Zugleich entlockte es ihnen aber manchen Seufzer, dass die Speisekammer schon wieder ein Stück ihres kostbaren Inhalts preisgeben sollte. Einer aktuellen Erklärung zufolge spielt die Bezeichnung „Bauernseufzer" auf die Klagen der Bauern über das schlechte Wetter und niedrige Ernteerträge an.

Oberpfälzer Bauernseufzer enthalten mageres Schweinefleisch und Speck sowie Salz, wenig Zucker, Pfeffer und Majoran, in manchen Gegenden außerdem Kümmel, Muskatnuss oder Zwiebel. Sie sind im Schweinsdarm abgefüllt. Nach dem Trocknen werden die Bauernseufzer unter Beigabe von zerquetschten Wacholderbeeren, Torf und Tannenrinde geräuchert.

Stabenwürste

Die Stabenwurst ist eine traditionsreiche Bratwurst aus der Nördlinger Gegend. Dort hat sie ihren Ursprung und dort wird in vielen Metzgereien noch jede einzelne Wurst wie früher von Hand geschnitten und abgedreht. Die Bezeichnung Stabenwurst geht auf das alte Stabenfest zurück, das ursprünglich ein Kinderfest gewesen ist.

Die Bezeichnung „Staben“ (Stecken) ist erstmals um 1690 belegt, als Findelkinder am „Stabentag“ mit dem „Stabenkreuzer“ bedacht wurden. Im Laufe des 19. Jahrhunderts entwickelte sich aus dem Stabenfest ein Volksfest.

Stabenwürste werden aus entfettetem Schweinefleisch, Jungrindfleisch, Schweinebacken, Speck, Salz, Gewürzen und etwas Zitrone hergestellt und in Schafsdarm gefüllt. Die Würste sind schmal und etwa 25 Zentimeter lang. Man brät sie auf dem Holzkohlengrill unter ständigem Wenden, bis sie aufgehen und knusprig braun sind. Gegessen werden sie mit frischen Brötchen.

Münchner Schweinswurst

Im Süden Bayerns heißt die Bratwurst Schweinswurst und ist eine kleine, mittelgrobe Bratwurst aus Schweinefleisch, Schweinebauch, Salz und Gewürzen. Sie steht in ihrer Beliebtheit traditionell mit der Weißwurst in starker Konkurrenz. Doch nur Schweinswürstel gibt es an der Imbissbude, Weißwürste kann man nicht aus der Hand essen. Auf dieser Grundlage behaupten die Schweinswürstel auch in München erfolgreich ihre Position. Zurzeit scheinen sie dabei einen gewaltigen Aufschwung zu erfahren: Auf dem Münchner Oktoberfest stieg der Verbrauch 2004 um 83 449 Paar, das ist im Vergleich zum Vorjahr ein Plus von 54,9 Prozent.

Bratwurst in Österreich und in der Schweiz

So wie in Deutschland ist es auch in Österreich und in der Schweiz unmöglich, sich der magischen Anziehungskraft der Würstelstände zu entziehen. Überall trotzen sie mit traditionellen Leckereien den modernen Fast-Food-Ketten und etablieren so etwas wie eine Gegenkultur der Bodenständigkeit, in der Menschen aus allen gesellschaftlichen Schichten aufeinander treffen. Wie in Erfurt, so auch in Bern, Zürich und Linz. Oder in Wien.

Käsekrainer und Klobassen

Beinahe schon ein Klischee sind Würstelstände dort, wo gesellschaftliche Grenzen überdeutlich zutage treten. In unmittelbarer Nähe der Wiener Staatsoper zum Beispiel. Wenn dort der Bankdirektor sein Bosna (eine Art Hot Dog) neben dem armen Schlucker verzehrt, ist das mehr ein gesellschaftliches Ritual als ein einfacher Imbiss. In Wien gibt es fast 300 Würstelstände, mit steigender Tendenz. Man nennt sie liebevoll-ironisch „Kleines Sacher", in Anlehnung an das großartige Hotel, und besucht sie zu jeder Tages- und Nachtzeit. An guten Tagen verkauft ein Würstelstand in zentraler Wiener Lage einige hundert Würstel. Wie anderswo auch mit Brot oder Semmel, Kren, Senf oder Ketchup. Nur kommen die Wiener dabei ganz gut ohne das aus, was dort „Bratwurst" genannt wird, denn über die Theke wandern vor allem die beliebten Krainer, feurige Debreziner, Krakauer und Polnische, dazu klassische Frankfurter Würstel, die in aller Welt „Wiener" genannt werden, und die Waldviertler mit ihrem deftigen Rauchgeschmack. Etwa die Hälfte aller verkauften Würste sind Käsekrainer. Diese Spezialität steht in der österreichi-

schen Beliebtheitsskala ganz oben. Käsekrainer – in Wien auch „Eitrige" genannt – bestehen zu etwa 80 Prozent aus Schweinefleisch und Speck, sie können aber auch einen Teil Rindfleisch enthalten. Der Rest ist österreichischer Emmentaler (etwa 20 Prozent), der die Wurst zu einer einzigartigen Delikatesse verfeinert. Käsekrainer werden gegart und über Buchenholz geräuchert. Feinschmecker mögen sie sorgfältig und langsam gebraten, so dass sich ihr charakteristischer „Fuß" aus feiner Käsekruste bilden kann.
Fast so beliebt wie die Käsekrainer ist in Österreich die Klobasse, die auch als Burenwurst, Burenhäutl oder einfach als Haaße bezeichnet wird. Sie gilt als so etwas wie eine (osteuropäische) Urwurst, schon allein ihres Namens wegen, der in den slawischen Sprachen einfach nur „Wurst" bedeutet. Die Klobasse enthält mittelgrobes Brät aus Rindfleisch, Schweinefleisch, Speck, Schweinskopffleisch und Schweinebacken. Sie ist pikant gewürzt.

Überall in Österreich findet man auch eine Wurstzubereitung, deren Wurzeln ausnahmsweise nicht im europäischen Osten zu finden sind, sondern in der Schweiz – Berner Würstel, in ihrer Heimat Bernerli genannt und der Wiener oder Frankfurter sehr ähnlich. Das Brät für diese Gaumenfreude besteht aus magerem Schweinefleisch, Speck und aus mildem, schmelzendem Käse. Das Besondere an den Berner Würsteln ist ihr Mantel aus pikantem Bauchspeck, in den sie nach dem Garen und Räuchern gehüllt werden. Berner Würstel werden gegrillt oder in der Pfanne goldbraun und knusprig gebraten.

Schweizer Kult: Die St. Gallener Kalbsbratwurst

Die ganz große Schweizer Bratwurstpersönlichkeit aber ist im Raum St. Gallen zu Hause. Die geografische Herkunft der legendären St. Gallener Kalbsbratwurst ist wie die der meisten berühmten Bratwürste gesetzlich geschützt – hergestellt wird sie demnach ausschließ-

Daniel Hopfer: Allegorie auf das Schlemmen (Anf. 16. Jh.)

lich in St. Gallen. Zum Beispiel die Olma-Bratwurst. Sie verdankt ihren Namen der Schweizer Messe für Landwirtschaft und Ernährung, die seit 1943 in St. Gallen stattfindet. Gleich im ersten Messejahr kreierten die dortigen Metzger die kultige Bratwurst, die sich nur durch ihr Gewicht von anderen St. Gallener Kalbsbratwürsten, auch der beliebten Kinderfest-Variante, unterscheidet. Genau 160 Gramm muss eine echte Olma-Bratwurst auf die Waage bringen. Das feine Brät für diese Spezialität wird aus Kalbfleisch, kernigem Halsspeck und Rückenspeck hergestellt. Neben der streng geheimen Gewürzmischung enthält die Rezeptur frische Milch oder Milcheiweiß. Es verleiht der Wurst ihre typische weiße Farbe. Neben dem Klassiker sind in St. Gallen auch saisonale Kalbsbratwürste erhältlich. Den Gaumen der Bratwurstliebhaber schmeicheln überraschende Kombinationen: Kalbsbratwürste, die je nach Jahreszeit mit Spargel und Bärlauch, Curry oder Lauch verfeinert sind.

Die Currywurst

Currywurst ist keine Bratwurst. Und wenn eine Bratwurst als Currywurst auf dem Teller landet, dann ist es das Schlimmste, was man ihr antun kann. Die Unterschiede sind einfach.

1. Currywurst schmeckt nicht nach sich selbst. Sie wird erst durch das Curry-Pulver und eine (Tomaten)Soße zu dem, was sie ist.
2. Man isst sie gerne mit Pommes Frites.
3. Currywurst ist eines der beliebtesten Gerichte in Kantinen.
4. Ohne Messer und Gabel ist Currywurst nicht verzehrbar, deshalb kommt sie oft schon in mundgerechte Happen vorgeschnitten auf den Teller. Dafür gibt es sogar spezielle Maschinen.
5. Currywurst existiert erst seit 1949.
6. Ihre Hochburgen sind in Deutschland das Ruhrgebiet, Hamburg und Berlin.
7. Currywurst ist Fastfood.

Über das Innenleben der Bra

Qualitätskriterien und Zubereitung

vurst

Gott sieht alles, nur nicht, was in der Wurst ist

Eine Definition des Begriffs Bratwurst ist schwierig. Schon deshalb, weil Bratwürste sogar nach der Deutschen Fleischverordnung zu verschiedensten Wurstarten gehören, je nachdem, ob sie roh verkauft, gebrüht oder zusätzlich geräuchert werden. Bratwürste können Würste sein, die zum Braten bestimmt sind und solche, die ungekocht auf ein Stück Brot gedrückt werden. Kommen sie roh und ungereift in den Handel, unterliegen sie in der Regel der strengen Hackfleischverordnung. Diese besagt, dass das Fleisch für die Wurstmasse am Herstellungstag verarbeitet werden und am darauf folgenden Tag im Handel sein muss.

Bratwurst besteht immer aus Fleisch, Speck, Salz und Gewürzen. Die Herstellung von feinem Brät erfordert außerdem die Beigabe von Eis zur Kuttermasse. Es verhindert das Gerinnen des Fleischeiweißes. Die Qualität der Wurst bestimmt entscheidend der Anteil an Fleischeiweiß, also an reinem, magerem Muskelfleisch. Dieses Muskeleiweiß ist besonders hochwertig. Je höher sein Anteil in der Wurst, desto besser die Qualität. Guter Speck für die Bratwurstherstellung ist frisch, kernig und zäh. Kerniger Speck hat einen hohen Schmelzwert. Er wird nur schwer flüssig, was sich beim Braten positiv auswirkt. Diese Eigenschaft des Specks hängt wesentlich von der richtigen Fütterung der Schlachtschweine ab, was deutlich macht: Die Qualität einer Bratwurst wird von Anfang an von vielen Faktoren bestimmt. In Deutschland darf Bratwurst keinen Zusatz von Innereien, Schwarten oder Sehnen enthalten. Sie darf nicht mit billigen Zutaten verlängert werden, die einen hohen Fleischanteil vortäuschen.

Für die Herstellung von Bratwurst wird das ausgewählte Fleisch entbeint, von Sehnen befreit, je nach Rezeptur grob oder fein zerklei-

Historisches Bratwurstglöcklein in Nürnberg

nert und mit den anderen Zutaten vermischt. Das so hergestellte Brät schmecken die Metzger mit genauen Mengen Salz und Gewürzen ab und füllen es in Naturdärme. Je nach Herstellungsweise und verwendeten Zutaten unterscheidet man bei der Bratwurst zwischen Rohwürsten und Brühwürsten; einige wenige Bratwurstsorten zählen zu den Kochwürsten.

Rohwurst, Brühwurst, Kochwurst

Für das Rohwurstbrät zerkleinert man Fleisch und Speck in einer speziellen Schneidewanne mit rotierenden Messern, dem Kutter. Wenn die gewünschte Körnung erreicht sowie Salz und Gewürze zugegeben sind, kann die Masse in Därme gefüllt werden. Diese sind elastisch und wasserdurchlässig, damit die Würste während der Reifung Wasser abgeben und schrumpfen können. Die Reifung findet in klimatisierten Räumen bei 15 bis 22 Grad Celsius statt. Mit der Reifung erreicht die Bratwurst ein bestimmtes Maß an Säuerung, bildet ihr Aroma aus, wird schnittfest und haltbar. Danach wird sie entweder geräuchert oder sofort verkauft.

Auch Brühwürste unterscheiden sich vor allem danach, wie fein das Brät gekuttert wurde und ob grobe Fleischstücke beigemengt sind. Nach der Abfüllung werden diese Würste gebrüht und zum Teil zusätzlich geräuchert. Beim Brühen in heißem Wasser oder Wasserdampf gerinnt das Fleischeiweiß und erstarrt. Auf diese Weise wird die Wurst schnittfest.

Für die Herstellung von Kochwürsten werden die Zutaten vor und nach der Abfüllung gekocht. Einige Sorten kommen anschließend in die Räucherkammer. Kochwürste sind im Gegensatz zu Brühwürsten nur in erkaltetem Zustand schnittfähig.

Beim Bratwurstkauf

Bratwurst der Spitzenqualität herzustellen ist eine hohe Kunst. Auch wenn es schon lange üblich ist, die Waage und Standardrezepturen einzusetzen, geben viele Metzgermeister spezielle Rezepte von Generation zu Generation im eigenen Betrieb weiter. Die Auswahl qualitativ hochwertiger Rohstoffe erfordert Erfahrung und Strukturen, die durchgängige Qualitätsstandards garantieren. Gute Bratwurst kauft man deshalb am besten beim Lieblingsmetzger oder auf Empfehlung. Doch auch die Auswahl im Supermarkt ist groß und zum Teil recht gut, wie die Stiftung Warentest im Juni 2004 nachgewiesen hat.

Sie bewertete abgepackte Grillwürste unter anderem nach ihrer mikrobiologischen Qualität. Der Test macht deutlich, dass auch die Hygiene bei der Wurstherstellung einen hohen Stellenwert hat. Ein wichtiges Qualitätsmerkmal ist der Gehalt an Keimen und Milchsäurebakterien. Keimarme Bratwurst schmeckt besser und schmeckt länger

Wurstbude in Hamburg um 1939

gut. Bei ihrer Beurteilung darf man der eigenen Nase also vor und nach dem Braten durchaus trauen. Ein säuerlicher Geruch oder gar Geschmack deuten untrüglich auf reichlich Milchsäurebakterien hin. Als ein weiteres Qualitätskriterium führt die Stiftung Warentest den Fettgehalt der Bratwurst an. Er schwankt allgemein zwischen 20 und 35 Prozent. Man darf im Hinblick auf den Fettgehalt der Wurst aber nicht außer Acht lassen, dass Fett als Geschmacksträger in der Bratwurst eine wichtige Funktion erfüllt. Mit Bratwurst macht man nun mal keine Diät.

Die geschützte Ursprungsbezeichnung

Geschützte Herkunftsangaben zeichnen Erzeugnisse aus, die auf eine lange Tradition mit engem regionalen Bezug zurückblicken

können. Verbraucher nehmen solche Produkte als hochwertig und einzigartig wahr. Seit 1992 können Herkunftsbezeichnungen von Bratwürsten innerhalb der EU geschützt werden. Produktbezeichnungen wie „Original Thüringer Rostbratwurst“ oder „Original Nürnberger Rostbratwurst“ dürfen demnach nur Hersteller nutzen, die tatsächlich in der angegebenen Region produzieren. Sie allein soll vom hohen Ansehen der Erzeugnisse profitieren.
Der Schutz der geografischen Angabe oder der Ursprungsbezeichnung – sie schützt die Verwendung von regionalen Rohstoffen – legt unter anderem die Grenzen der Region fest, in der das Erzeugnis erzeugt und hergestellt wird. Eine unabhängige Kontrollstelle überwacht jedes Unternehmen, das die geschützte Bezeichnung führt. Sie stellt sicher, dass alle Anforderungen der Spezifikation erfüllt sind.
Hohe Qualitätsstandards hinsichtlich der Produktions- und Absatzketten sowie für die Herstellung von Fleisch- und Wurstwaren garantieren zum Beispiel auch das CMA-Gütezeichen (Centrale Marketing-Gesellschaft der deutschen Agrarwirtschaft), die Auszeichnungen der DLG (Deutsche Landwirtschafts-Gesellschaft) oder Auszeichnungen internationaler Wurstwettbewerbe.

Tipps für den Umgang mit Bratwurst

Auf dem Weg vom Metzger nach Hause sollte sichergestellt sein, dass sich die Bratwurst nicht zu stark erwärmt. Zu Hause gehört sie sofort in den Kühlschrank und schnell auf den Tisch. Wenn sie länger aufbewahrt werden muss, ist es besser, sie gleich einzufrieren.
Bevor die Bratwurst in die Pfanne kommt, kann man sie für einige Minuten in ein Wasser- oder Milchbad legen. Das verhindert, dass die empfindliche Bratwursthaut auf dem Grill oder in der Pfanne platzt. Ein Milchbad fördert außerdem eine schöne, goldbraune Färbung.
Beim Grillen mit Holzkohle, Strom oder Gas gelten besondere Regeln. Leider kommt es jeden Sommer wieder zu Unfällen durch un-

sachgemäße Handhabung des Grills. Das beginnt mit der Auswahl eines sicheren Standplatzes für den Grill. Kinder sind in seiner Nähe immer gefährdet – beim Anzünden, Grillen und solange das Gerät noch heiß ist. Benzin, Spiritus und andere Brennstoffe sind zum Anzünden tabu, denn bei ihrer Verdunstung bildet sich häufig ein hochexplosives Luftgemisch. Wer nicht auf die im Zeltlager erlernten Fertigkeiten des Feuermachens zurückgreifen will, kann geeignete Anzünder aller Art im Handel erwerben.

Ist die Glut einmal entfacht, bleibt noch eine Weile Zeit, sich auf den Bratwurstgenuss zu freuen. Denn die Würste gehören erst auf den Grill, wenn die Holzkohle durchgeglüht und mit einer weißen Ascheschicht überzogen ist. Erst dann ist schadstofffreies Grillen möglich – aber noch nicht sichergestellt: Denn auch in verkohlten Wurststücken stecken gesundheitsschädliche Stoffe. Ebenso kann auf die Glut tropfendes Fett zur Entstehung von Schadstoffen führen. Mit dem aufsteigenden Rauch gelangen sie aus der Glut auf die Bratwurst.

Rezepte

Die Mengenangaben gelten, wenn nicht anders angegebe

ür vier Personen

Grundrezept für die Herstellung von Bratwurst

Wer sich einmal selbst in der Herstellung von Bratwürsten versuchen will, dem sei mit der Zutatenliste aus Hermann Kochs umfangreichem Nachschlagwerk über „die Fabrikation feiner Fleisch- und Wurstwaren" eine Orientierungshilfe gegeben.

Grobe Bratwurst

Material für 1 Kilo Brät

- 600 g Schweinebauch
- 400 g Schweinefleisch

Gewürze und Zutaten

- 18 g Kochsalz
- 2 g Pfeffer
- 1 g Macis
- 1 g Ingwer
- 0,3 g Kardamom
- 1 g Zitronenpulver

Herstellung

Das gesamte Material wird grob gewolft und mit den Gewürzen und Zutaten zu einer gut bindenden Masse geknetet.

Därme

2 Meter Schweinedärme mit einem Durchmesser von 26 bis 28 Millimetern

Garzeit

15 Minuten bei 65 Grad

Einfache Bratwurstrezepte

Bratwurst mit Brot

Die einfachste Beigabe zur Bratwurst ist das Brot. Ein Stück kräftiges Bauernbrot ist der Bratwurst in jeder Form würdig. Aus der Hand gegessen gehört sie ohnehin ins helle Brötchen. Ob dieses aber nun rund oder lang sein soll, neutral oder gewürzt, ist von Ort zu Ort etwas anders. Nirgendwo aber braucht man zur Bratwurst im Brötchen Teller und Besteck. Man steht vor der Bude in Gruppen zusammen, manchmal etwas vornüber gebeugt und genießt eine kurze Auszeit. Oder auch zwei.

Bratwurst mit Senf

Bratwurst wird in den meisten Regionen mit Senf gegessen. Scharf, mittelscharf oder mild ist er zusammen mit dem Brot der mit Abstand beliebteste Begleiter der Bratwurst. Und doch ist der Senf zur Bratwurst bei einigen Feinschmeckern verpönt. Sie geben dem Meerrettich den Vorzug, weil seine Schärfe das Geschmacksempfinden verfeinert, ohne sich selbst geschmacklich in den Vordergrund zu drängen. Meerrettich bleibt immer ein ergebener Untertan der Bratwurst und wird deshalb von Kennern gern zur Bratwurst genossen.

Die einzige Ausnahme stellt in dieser Diskussion Thüringen dar. Zur Thüringer Bratwurst ist ein heimischer, milder Senf immer willkommen.

Meerrettich

Der Meerrettich gelangte wohl schon im 10. Jahrhundert aus Südosteuropa in unsere Gegend. Mitte des 15. Jahrhunderts ließ Markgraf Johannes Alchimista ihn auf Schloss Scharfeneck in Baiersdorf bei Erlangen anbauen. In dieser Gegend ist der Meerrettich berühmt geworden, im 18. Jahrhundert wurde er von dort aus bis nach Wien und Budapest geliefert. Die geriebene Wurzel, mit Essig, Öl und Gewürzen verfeinert, ist bis heute nicht nur zur Bratwurst sehr beliebt.

Um den Meerrettich ranken sich Legenden. Er soll zum Erhalt der Arbeitskraft beitragen, Endorphine freisetzen und, mit Honig gekocht, als Aphrodisiakum wirken. Meerrettich vertreibe böse Geister, so der Volksmund, und wirke gegen Geldnot.

„Er muss auf der Zunge beißen;
wenn er dieses nicht tut und der
Zunge gelind und gut tut
so ist er nicht gut."

Aus Valentins Kräuterbüchlein (1719)

Bratwurst mit Sauerkraut

Wenn fein geraspelter Weißkohl in Salzlake eingelegt wird, entsteht durch die Milchsäurevergärung der Kohlblätter Sauerkraut. Sein feiner säuerlicher Geschmack ist sehr beliebt und passt hervorragend zur Bratwurst. Sauerkraut wird als Bratwurstbegleiter warm serviert und ist nicht zuletzt wegen seines hohen Gehalts an Vitamin C geschätzt.

Wie die Bratwurst selbst ist auch das Sauerkraut eine regionaltypische Spezialität, für die es unzählige Zubereitungsarten gibt. Zur Verfeinerung des Krauts kommen viele Gewürze und Zutaten in Frage. Hier eines der zahlreichen Rezepte.

Zutaten

- 500 g Sauerkraut vom Fass
- ausgelassener Speck oder Rauchfleisch
- 1 fein gehackte Zwiebel
- 1 geraspelter Apfel
- 1 Glas Weißwein
- 1 Lorbeerblatt
- einige Wacholderbeeren
- 1 Teelöffel Kümmel
- Liebstöckel oder Majoran
- Salz und Pfeffer

Zubereitung

Den Speck auslassen und die fein gehackte Zwiebel darin andünsten. Das Sauerkraut zufügen und kräftig durchschmoren lassen. Salz und Pfeffer und die Gewürze hinzufügen. Danach den Wein und die Apfelraspel zum Kraut geben. Alles auf mittlerer Hitze eine gute halbe Stunde im offenen Topf dünsten.

Bratwurst mit Kartoffelsalat

Kartoffelsalat wird fast überall gerne zur Bratwurst gegessen.

Zutaten

- 750 g fest kochende Kartoffeln
- 2 Zwiebeln
- Zucker, Pfeffer, Fleischbrühe
- 3 Esslöffel Öl
- 4 Esslöffel Essig
- gehackte Petersilie oder Schnittlauch

Zubereitung

Die Kartoffeln waschen und kochen, heiß abschälen und in Scheiben schneiden. Zwiebeln würfeln und in einem Viertelliter Salzwasser mit Pfeffer und etwas Fleischbrühe aufkochen. Über die Kartoffeln gießen und fünf Minuten ziehen lassen. Danach die Flüssigkeit wieder abgießen.

Mit einer Salatsoße aus Essig, Öl, etwas Senf und den Kräutern anmachen. Eventuell mit Salz und Pfeffer nachwürzen. Ziehen lassen und je nach Geschmack warm oder kalt zu den Bratwürsten essen.

Thüringer Bratwurst mit Klößen

In Thüringen werden – wie sollte es anders sein – zur Bratwurst auch gerne Thüringer Klöße gegessen.

Zutaten für 6-8 Klöße

- 1 kg Kartoffeln
- 1 Brötchen
- Salz, Margarine
- 1/2 Tasse Milch

Zubereitung

Zwei Drittel der Kartoffeln schälen, reiben und fest ausdrücken. Milch aufkochen lassen und die rohen Kartoffeln damit überbrühen. Die restlichen Kartoffeln schälen, weich kochen und stampfen, unter die gebrühten Kartoffeln mischen und salzen. Brötchen würfeln und in der Margarine anrösten. Klöße formen, Weißbrotwürfel in die Mitte geben und die Klöße etwa 15 Minuten sieden lassen. Danach bei niedriger Hitze etwa zehn Minuten ziehen lassen.

Naggerte

So nennen die Franken rohes, aus der Haut gedrücktes Bratwurstbrät.

Zutaten für eine Person

- 1 grobe Bratwurst
- 1 Scheibe Bauernbrot
- 1 große Zwiebel, gehackt oder in Ringe geschnitten
- Paprikapulver

Zubereitung

Das Brät aus der Bratwursthaut drücken, auf dem Brot verstreichen und mit Zwiebel und Paprikapulver garnieren.

Bratwurst mit Gemüse

Bratwurst mit Feldsalat

In Nürnberg werden Bratwürste gerne mit Salat gegessen.

Zutaten für den Salat

- 24 Nürnberger Rostbratwürstchen
- 300 g Feldsalat
- 2-3 Tomaten
- 100 g Schafskäse
- 1 Bund Radieschen
- Essig, Öl, Salz und Pfeffer für die Salatsoße

Zubereitung

Feldsalat waschen, Schafskäse in Würfel schneiden, Radieschen und Tomaten vierteln. Alles in einer Schüssel mit der Salatsoße mischen und die in Scheiben geschnittenen Bratwürstchen darübergeben.

Bratwurst mit Spargel

Besonders fein schmeckt zu einer guten Bratwurst Spargel. Dieses edle Gemüse ist ihr durchaus ebenbürtig. Der Schwandorfer Bratwursthersteller Wolf schlägt folgende Zubereitung vor:

Zutaten

- 800 g zarter grüner Spargel
- schwarzer Pfeffer aus der Mühle
- etwas Salz, eine Prise Zucker
- 3 Esslöffel Walnussöl
- 2 Esslöffel Weißweinessig
- 20 Nürnberger Bratwürstchen

Zubereitung

Den Spargel waschen, abtropfen lassen und die holzigen Enden abschneiden. Mit Salz und einer Prise Zucker bissfest kochen. In der Zwischenzeit für die Soße Walnussöl und Essig vermischen. Die Würstchen mit etwas Öl in der Pfanne braten. Den Spargel aus dem Kochwasser nehmen und abtropfen lassen. Das untere Drittel der Spargelstangen in der Küchenmaschine pürieren und in die Soße rühren. Die Würstchen auf Teller verteilen. Spargelstangen schön daneben anrichten und die Salatsoße darüber geben. Dazu passen frische Laugenstangen mit Sesam oder Sonnenblumenkernen.

Bratwurst mit Hopfensprossen

Hopfensprossen gibt es für kurze Zeit nur im Mai und Juni. Sie sind eine kulinarische Rarität. An Geschmack überbieten sie vielleicht sogar noch den Spargel. Zur Bratwurst werden Hopfensprossen als Salat oder Gemüse gegessen. Für einen einfachen Hopfensprossensalat die jungen Triebe zusammenbinden und in Salzwasser weich kochen. Abtropfen lassen und mit Essig und Öl abschmecken.

Hopfensprossen als Gemüse kocht man bissfest. Dann mit kaltem Wasser abschrecken, gut abtropfen lassen und in Butter weich dünsten. Anschließend mit Weizenmehl bestäuben und flüssige Sahne zugeben, so dass eine helle Soße entsteht. Eventuell mit etwas gehacktem Knoblauch verfeinern.

Bratwurst-Lauch-Torte

Zutaten für den Teig

- 250 g Mehl
- 125 g Butter oder Margarine
- 4 Esslöffel Wasser
- Salz

Zubereitung

Mehl, Salz, weiche Butter oder Margarine und Wasser in eine Rührschüssel geben. Zuerst mit den Knethaken des Handmixers, dann mit den Händen zu einem glatten Teig verkneten. Eine halbe Stunde kalt stellen.

Zutaten für den Belag

- 300 g Bratwurst
- 600 g Lauch
- 1/2 Teelöffel Salz
- 200 g Crème fraîche
- 5 Esslöffel Paniermehl
- 100 g geriebener Greyerzer Käse
- 1/2 Teelöffel Kümmel

Zubereitung

Den Lauch in dicke Ringe schneiden und in Salzwasser etwa 5 Minuten bissfest garen. Dann den Teig auf dem Boden einer mit Back-

papier ausgelegten Form (28 cm) verteilen und an den Rändern hochziehen. Den Teig mit einer Gabel einstechen.
Crème fraîche mit Paniermehl mischen und auf dem Teigboden verstreichen. Den Lauch darauf geben. Die Bratwürste in ca. 2 cm breite Stücke schneiden und mit der Schnittfläche nach oben zwischen den Lauch stecken. Mit Greyerzer und Kümmel bestreuen.

Im vorgeheizten Backofen bei 200 Grad etwa 35 Minuten backen. Dazu passt Blattsalat.

Kartoffelsuppe mit Bratwurst

Zutaten

- 2 Zwiebeln
- 1 Bund Suppengrün
- 1 Esslöffel Margarine
- 250 g Kartoffeln
- 500 ml Fleischbrühe
- 125 ml Sahne
- Salz, Pfeffer
- etwas Basilikum
- Bratwurst nach Geschmack

Zubereitung

Zwiebeln schälen und würfeln, Suppengrün putzen und klein schneiden. Alles in der Margarine andünsten. Die geschälten, klein geschnittenen Kartoffeln dazugeben und mit der Brühe zum Kochen bringen. Dann alles pürieren, Sahne hinzufügen und die Suppe mit Salz, Pfeffer und etwas Basilikum würzen. Zuletzt die Bratwurst beidseitig anbraten, in dünne Scheiben schneiden und in die Suppe geben.

Apfelbratwurst

Zutaten

- 8 Bratwürste
- 4 Äpfel in Scheiben
- 500 ml Weißwein
- Zimt, Salz und Pfeffer
- etwas Zitronensaft

Zubereitung

Zuerst die Würste braten. Anschließend die Äpfel im Bratfett dünsten, aus der Pfanne nehmen. Den Wein in die Pfanne geben, mit den Gewürzen abschmecken und kurz aufkochen lassen. Dann Bratwürste und Apfelscheiben wieder zugeben und kurz ziehen lassen. Mit Kartoffelklößen oder Salzkartoffeln servieren. Dazu passt Weißwein.

Bratwurst spezial

Stolzer Heinrich

Dieses Rezept findet sich in verschiedenen Variationen schon seit mehr als 150 Jahren in den Kochbüchern Thüringens.

Zutaten

- 4 Thüringer Bratwürste
- Butter und Mehl für eine Mehlschwitze
- 500 ml Fleischbrühe zum Aufgießen
- etwas Essig
- Lorbeerblätter, Rosmarin, Pfeffer, Ingwer zum Würzen
- Kapern
- Zitronenscheiben

Zubereitung

Die Würste werden halb gar gebraten oder gekocht. Dann bereitet man eine Mehlschwitze zu und gießt sie mit der Fleischbrühe auf. Mit Essig und den Gewürzen abschmecken. Anschließend die Würste dazugeben, Zitronenscheiben und Kapern hinzufügen und alles noch einmal aufkochen lassen.

Blaue Zipfel

Auch für die Zubereitung von Blauen Zipfeln gibt es unzählige Rezepte. Hier eines aus Bamberg, wo die Blauen Zipfel ganz besonders beliebt sind.

Zutaten

- 8 Paar fränkische Bratwürste
- 1 l Wasser
- 125 ml Weinessig
- 8 große Zwiebeln in Ringen
- 375 ml Frankenwein
- 8 ganze Nelken
- 4 Lorbeerblätter
- etwa 15 Pfefferkörner
- etwa 15 Wacholderbeeren
- 1 Esslöffel Senfkörner
- Salz und etwas Zucker
- 2 Karotten, 1 Sellerie, etwas Petersilie oder Petersilienwurzel, 100 g Champignons oder Pfifferlinge, alles in kleine Stücke geschnitten

Zubereitung

Die Zwiebelringe in Wasser und Essig gut weichkochen. Dann die anderen Zutaten und den Wein dazugeben, alles noch etwa 20 Minuten bei niedriger Hitze köcheln lassen. Anschließend den Sud von der

Blaue Zipfel

Kochplatte nehmen, die Würste zugeben und etwa 10 Minuten ziehen lassen. Blaue Zipfel werden im Sud und mit Bauernbrot serviert. Dazu trinkt man fränkisches Zwetschgenwasser.

Bauernseufzer

Die köstlichen, geräucherten Bauernseufzer isst man kalt oder warm (10 Minuten in siedendem Wasser ziehen lassen) mit Meerrettich und Brot oder mit Sauerkraut.

Bratwurst in Biersoße

Zutaten

- 8 Bratwürste
- 250 ml dunkles Bier
- etwas Mehl
- Salz, Pfeffer, Majoran

Zubereitung

Die Würste in der Pfanne braun braten, herausnehmen und warm stellen. In der Pfanne jetzt das Mehl anschwitzen und mit dem Bier ablöschen. Die Gewürze beigeben und alles kurz aufkochen lassen. Biersoße über die Bratwürste gießen, auf Sauerkraut anrichten oder nur mit Brot servieren. Dazu passt auch noch ein Glas kühles Bier.

Bratwurstsuppe

Die Bratwurstsuppe ist ein sehr altes, fast schon vergessenes Gericht. Die Suppe wird über geröstetes Brot gegossen, das während der Mahlzeit langsam weich wird.

Zutaten

- 4 Bratwürste
- 1 l Fleischbrühe
- 100 g Butter
- Ingwer, Pfeffer, Muskatnuss

Zubereitung

Brot rösten, einen Teil beiseite legen, den Rest in Fleischbrühe ziehen lassen, bis es weich ist. Das Brot durch ein Sieb drücken. Die Suppe mit Ingwer, Pfeffer, Muskat und etwas Butter würzen und noch einmal aufkochen. Bratwürste braten und in kleine Stücke schneiden. Das beiseite gelegte geröstete Brot in einen Teller geben, die Bratwurststücke darauf legen und mit der Suppe übergießen.

Bratwurst im Brotteig

Bratwurst im Brotteig ist eine alte Köstlichkeit, die mit der modernen Variante der in Blätterteig eingebackenen Wurst wenig gemeinsam hat. Ursprünglich wurden die vorgebratenen Würste in echtem Brotteig eingebacken und heiß gegessen.

Bratwurstsäulen

Zutaten

- 8 Bratwürste
- 16 dünne Scheiben durchwachsener Speck
- 300 g Emmentaler Käse
- frische Majoranblätter
- Zahnstocher

Zubereitung

Die Bratwürste in dünne Scheiben schneiden. Den Käse ebenfalls in dünne Scheiben schneiden oder ausstechen. Käse- und Wurstscheiben sowie die Majoranblätter abwechselnd zu einer Säule aufschichten. In die Speckscheiben einwickeln, mit Zahnstochern zusammenstecken und braten.

Bild rechts: Stabenwürste

Historische Bratwurstkuns

.nd -kultur

Hauptkultstätte der Bratwurst waren immer die Schlacht- und Volksfeste, Märkte und Festumzüge. Doch die Bratwurst stand nicht nur im Rampenlicht der großen Volksbelustigungen. Im Lauf ihrer Geschichte hat sie in Brauchtum, Sprache, Kunst und Literatur einen festen Platz eingenommen. Zu allen Zeiten hat sie die Maler inspiriert. Sie hat Redewendungen geprägt, die bis heute geläufig sind. Sie hat in Märchen und Geschichten Eingang gefunden. Und sie hat sogar einen der großen volkstümlichen Bühnencharaktere geprägt, den alle kennen, den Hanswurst.

Von Schlachttagen und Wurstwinselliedern

Viel Bratwurst-Brauchtum ist mit den bäuerlichen Schlachttagen verbunden, den einzigen Tagen im Jahr, an denen frisch gestopfte Würste im Überfluss zur Verfügung standen. Ein Teil davon wurde gleich nach dem Schlachten als Wurstsuppe oder in Form von Bratwurst verzehrt. Den Rest haben die Bauern geräuchert oder gepökelt. Man hat an den Schlachttagen immer die Nachbarn mit einem kleinen Teil der gerade zubereiteten Delikatessen bedacht. An diese schöne Gewohnheit erinnert, nicht ohne Unterton, die Redensart „Wurst wider Wurst" oder auch dieses: „Gib die Wurst nicht her, solange du nicht weißt, dass einer ein Schwein schlachten wird."

Wenn geschlachtet wurde, zogen die Kinder von Hof zu Hof, in der Hoffnung, eine Extraportion vom großen Wurstsegen abzubekommen. Manchmal gaben sie brüllenden Hunger vor oder winselten lautstark. Oft haben sich die Wurstheischer, wie sie in der Frankfurter Gegend genannt wurden, im Vorfeld des Karnevals wild vermummt.

Die 1806 bis 1808 erschienene Liedersammlung „Des Knaben Wunderhorn" von Achim von Arnim und Clemens Brentano enthält eines der Bratwurst-Lieder, die vor Fastnacht am Rhein gesungen wurden. Die Kinder gingen dort mit einem Korb herum, in dem ein Hahn lag. Sie baten um Wurst-Gaben und schaukelten dazu singend den Hahn:

Havele, havele, Hahne,
Fastennacht geht ane,
Droben in dem Hinkelhaus
Hängt ein Korb mit Eiern raus,
Droben in der Firste
Hängen die Bratwürste,
Gebt uns die langen
Lasst die kurzen hangen,
Ri ra rum,
Der Winter muss herum;
Was wollt ihr uns denn geben,
Ein glückseligs Leben,
Glück schlag ins Haus,
Komm nimmermehr heraus.

Blieben die Gaben aus, wandelten die Kinder die letzte Strophe ab und wünschten statt des Glückes:

... Blitz schlag ins Haus,
Komm nimmermehr heraus.

In der Oberpfalz konnte es vorkommen, dass, wenn dort Hausherren und Gäste beim Schlachtfestschmaus in der Stube saßen, wie von Geisterhand ein langer Spieß oder eine Heugabel durchs Fenster gereicht wurde. Dazu erklang ein Sprüchlein wie dieses:

„I reck, i reck an Spieß,
A Trumm Fleisch und Wurscht is ma g'wiß!"

Und in der Pulsnitzer Gegend in der Oberlausitz winselten die Kinder so:

„Winsel, winsel Wurscht,
Mich hungert und mich durscht.
Ich hab gehiert, ihr hot geschlacht
Un mir a Wörschtel mit gemacht.
Weiße Strimpe, schwarze Schuh,
Brengt de grusse Wurscht herzu!"

Bratwurstwallfahrt in München und Dürkheim

Die Beliebtheit der Bratwurst hat den engen Rahmen der bäuerlichen Schlachttage schnell gesprengt und größere Feste erobert. Mehr noch: Auf so manchem Volksfest haben sich eigene Bratwurstgattungen entwickelt. Die schon erwähnten Stabenwürste aus der Nördlinger Gegend zum Beispiel gehören untrennbar zum traditionellen Kinderfest gleichen Namens.
Im Münchner Raum briet man bis zum Zweiten Weltkrieg die so genannten „Ablasswürste". Sie waren an eine besondere Spielart des Feierns gebunden: an die Wallfahrt zu den Kirchen in Thalkirchen, Ramersdorf und Harlaching. Die beliebten Ablass-Würste waren eine einzigartige Mischung aus Thüringer Rostbratwurst und Münchner Schweinswurst. Sie wurden nur nach geleisteter Buße genossen. Im Volksmund hieß es dazu:

„Hat man durch Gebet und Reue
Seine Seel' belebt aufs Neue
Hier, da löscht man seine Dürste,
Isst ein Dutzend Ablasswürste."

Der mittelalterlichen Wallfahrt entsprungen ist auch der weithin bekannte Dürkheimer Wurstmarkt. Dieser beeindruckende Umschlagplatz für Bratwurst existiert schon seit Mitte des 15. Jahrhunderts und ist heute das größte Weinfest der Welt. Seinen Ursprung hat es in den Wallfahrten zur Kapelle des heiligen Michael auf dem gleichnamigen Berg, zu der an seinem Namenstag am 29. September schon im 13. Jahrhundert die Gläubigen pilgerten. Sie wollten verköstigt werden, eine Aufgabe, die Bauern und Winzer der Umgebung bald gerne übernahmen. Sie schoben Wagenladungen voll Wein, Wurst und Brot auf den Michaeliberg. Bald kamen Händler, Gaukler und Musikanten dazu, und das bunte Treiben wurde schnell bekannt. 1449 erließ der Abt des Klosters Limburg die erste offiziel-

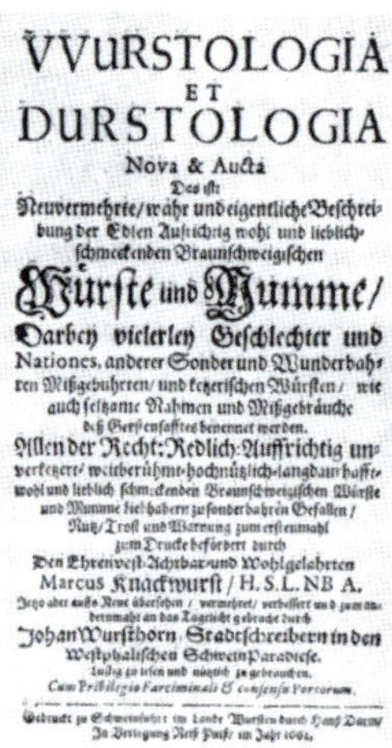
VVURSTOLOGIA
ET
DURSTOLOGIA
Nova & Aucta
Das ist:
Neuvermehrte/ wahr und eigentliche Beschreibung der Edlen Aufrichtig wohl und lieblich-schmeckenden Braunschweigischen
Würste und Mumme/
Darbey vielerley Geschlechter und Nationes, anderer Sonder und Wunderbahren Mißgebuhrten/ und ketzerischen Würsten/ wie auch seltzame Nahmen und Mißgebräuche
Allen der Recht: Redlich: Auffrichtig unverketzert/ weitberühmt-hochnützlich-langdauerhafft-wohl und lieblich schmeckenden Braunschweigischen Würste und Mumme Liebhabern zu sonderbahren Gefallen / Nutz/ Trost und Warnung zum erstenmahl zum Drucke befördert durch
Den Ehrenvest-Achtbar-und Wohlgelahrten
Marcus Knackwurst / H. S. L. NB A.
Johan Wursthorn Stadtschreibern in dem Westphalischen Schwein Paradiese.

Titel der „Wurstologia et Durstologia" des Marcus Knackwurst (1662)

le Marktordnung und wandelte den Michaelimarkt in ein Kirchweihfest um. Im 16. Jahrhundert begaben sich bereits Händler aus der ganzen Pfalz an den ehemaligen Wallfahrtsort. Ende des 18. Jahrhunderts dauerte der Wurstmarkt schon drei Tage, und es wurde ein „Nachmarkt" etabliert, der am Sonntag nach Michaeli stattfand. Das Angebot an Attraktionen wuchs und ebenso der Wurstkonsum. 1966 wurde er erstmals von einem Weinverbrauch jenseits der 200.000-Liter-Grenze begleitet. Von nun an bezeichnete sich der Wurstmarkt selbst als das größte Weinfest der Welt. So kam in Dürkheim der Wein zu der Ehre, die eigentlich der Bratwurst gebührt.

Vom Hanswurst

Die Bratwurst ist bescheiden. Ihr haftet etwas Unspektakuläres an, das sie sympathisch macht und sie in die Nähe der einfachen Leute rückt. Das Wohlgefühl, das sie auszulösen vermag, ist schlicht und in dieser Schlichtheit so bestechend, dass es seit Jahrhunderten immer wieder künstlerisch thematisiert wird. Eines der frühesten Beispiele dafür ist die Figur des Hanswurst. Martin Luther beschrieb ihn in seiner Streitschrift gegen Herzog Heinrich von Braunschweig als einen „großen Tölpel, der klug sein will, aber ungereimt und ungeschickt redet und tut". Der Nürnberger Meistersinger Hans Sachs wies dem Hanswurst in seinen Fastnachtspielen eine zentrale Rolle zu, und im 1587 erschienenen Volksbuch „Historia von Doktor Fausten" trat er als Begleiter des Faust in Erscheinung. Auch im 17. und 18. Jahrhundert war der Hanswurst eine komische, oft derbe Figur des Volkstheaters, die dem Pickelhering der englischen Wanderbühnen und dem schelmischen Arlecchino der italienischen Commedia dell'arte nahe stand. Erst gegen Ende des 18. Jahrhunderts verdrängte ihn der schlaue Kasper von der Bühne und trat seine Nachfolge an.

Gebrüder Grimm: Von dem Mäuschen, Vögelchen und der Bratwurst

Als die Gebrüder Grimm zu Beginn des 19. Jahrhunderts (1812-1815) ihre Sammlung mündlich überlieferter Kinder- und Hausmärchen herausbrachten, fehlte auch dort die Bratwurst nicht. Im Märchen von dem Mäuschen, Vögelchen und der Bratwurst übernimmt sie die Rolle der braven Kameradin, die sich tagein, tagaus um das leibliche Wohl ihrer Mitbewohner kümmert. Bis sie eines Tages dazu gezwungen wird, eine Aufgabe zu übernehmen, zu der sie nicht berufen ist.

Es waren einmal ein Mäuschen, ein Vögelchen und eine Bratwurst in Gesellschaft geraten, hatten einen Haushalt geführt, lange wohl und köstlich im Frieden gelebt und trefflich an Gütern zugenommen. Des Vögelchens Arbeit war, dass es täglich im Wald fliegen und Holz beibringen müsste. Die Maus sollte Wasser tragen, Feuer anmachen und den Tisch decken, die Bratwurst aber sollte kochen.

Wem zu wohl ist, den gelüstet immer nach neuen Dingen! Also eines Tages stieß dem Vöglein unterwegs ein anderer Vogel auf, dem es seine treffliche Gelegenheit erzählte und rühmte. Derselbe andere Vogel schalt es aber einen armen Tropf, der große Arbeit, die beiden zu Haus aber gute Tage hätten. Denn wenn die Maus ihr Feuer angemacht und Wasser getragen hatte, so begab sie sich in ihr Kämmerlein zur Ruhe, bis man sie hieß den Tisch decken. Das Würstlein blieb beim Hafen, sah zu, dass die Speise wohl kochte, und wenn es bald Essenszeit war, schlingte es sich einmal viere durch den Brei oder das Gemüs, so war es geschmalzen, gesalzen und bereitet. Kam dann das Vöglein heim und legte seine Bürde ab, so saßen sie zu Tisch, und nach gehabtem

Mahl schliefen sie sich die Haut voll bis den andern Morgen; und das war ein herrlich Leben.

Das Vöglein anderes Tages wollte aus Anstiftung nicht mehr ins Holz, sprechend, es wäre lang genug Knecht gewesen und hätte gleichsam ihr Narr sein müssen, sie wollten einmal umwechseln und es auf eine andere Weise auch versuchen. Und wiewohl die Maus und auch die Bratwurst heftig dafür bat, so war der Vogel doch Meister; es musste gewagt sein, spieleten derowegen, und kam das Los auf die Bratwurst, die musste Holz tragen, die Maus ward Koch, und der Vogel sollte Wasser holen. Was geschieht? Das Bratwürstchen zog fort gen Holz, das Vöglein machte Feuer an, die Maus stellte den Topf zu, und erwarteten allein, bis Bratwürstchen heimkäme und Holz für den anderen Tag brächte. Es blieb aber das Würstlein so lang unterwegs, dass ihnen beiden nichts Gutes vorkam und das Vöglein ein Stück Luft hinaus entgegen flog. Unfern aber findet es einen Hund am Weg, der das arme Bratwürstlein als freie Beut angetroffen, angepackt und niedergemacht. Das Vöglein beschwerte sich auch dessen als eines offenbaren Raubes sehr gegen den Hund, aber es half kein Wort, denn, sprach der Hund, er hätte falsche Briefe bei der Bratwurst gefunden, deswegen wäre sie ihm des Lebens verfallen gewesen.

Das Vöglein, traurig, nahm das Holz auf sich, flog heim und erzählte, was es gesehn und gehöret. Sie waren sehr betrübt, verglichen sich aber, das Beste zu tun und beisammen zu bleiben. Derowegen so deckte das Vöglein den Tisch, und die Maus rüstete das Essen und wollte anrichten und in den Hafen, wie zuvor das Würstlein, durch das Gemüs schlingen und schlupfen, dasselbe zu schmälzen; aber ehe sie in die Mitte kam, ward sie angehalten und musste Haut und Haar und dabei das Leben lassen.

Als das Vöglein kam und wollte das Essen auftragen, da war kein Koch vorhanden. Das Vöglein warf bestürzt das Holz hin und her, rief und suchte, konnte aber seinen Koch nicht mehr finden. Aus Unachtsamkeit kam das Feuer in das Holz, also dass eine Brunst entstand; das Vöglein eilte, Wasser zu langen, da entfiel ihm der Eimer in den Brunnen und es mit hinab, dass es sich nicht mehr erholen konnte und ersaufen musste.

Johann Peter Hebel: Drei Wünsche

Es ist ein kleines Glück, das die Bratwurst beschert, doch so eingewoben in das alltägliche Leben, dass es sich bisweilen fast mit dem großen Glück verwechseln lässt. Wenn sich Liese in Johann Peter Hebels (1760–1826) Schwank „Drei Wünsche" eine Bratwurst zu ihren Kartoffeln wünscht, und über diesem harmlosen Begehren eine märchenhafte Chance verpasst, dann kann ihr das keiner ernsthaft verübeln. Zu menschlich erscheint ihr Verlangen.

Ein junges Ehepaar lebte recht vergnügt und glücklich beisammen, und hatte den einzigen Fehler, der in jeder menschlichen Brust daheim ist: Wenn man's gut hat, hätt' man's gerne besser. Aus diesem Fehler entstehen so viele thörichte Wünsche, woran es unserem Hans und seiner Liese auch nicht fehlte. Bald wünschten sie des Schulzen Acker, bald des Löwenwirths Geld, bald des Meyers Haus und Hof und Vieh, bald einmal hunderttausend Millionen bayerische Thaler kurzweg. Eines Abends aber, als sie friedlich am Ofen saßen und Nüsse aufklopften, und schon ein tiefes Loch in den Stein hineingeklopft hatten, kam durch die Kammerthür ein weißes Weiblein herein, nicht mehr als eine Elle lang, aber wunderschön von Gestalt und Angesicht, und die ganze Stube war voll Rosenduft. Das Licht löschte aus, aber ein Schimmer wie Morgenroth, wenn die Sonne nicht mehr fern ist, strahlte von dem Weiblein aus, und überzog alle Wände. Über so etwas kann man nun doch ein wenig erschrecken, so schön es aussehen mag. Aber unser gutes Ehepaar erholte sich doch bald wieder, als das Fräulein mit wundersüßer, silberreiner Stimme sprach: „Ich bin eure Freundin, die Bergfey, Anna Fritze, die im kristallenen Schloß mitten in den Bergen wohnt, mit unsichtbarer Hand Gold in den Rheinsand streut, und über siebenhundert dienstbare Geister gebietet. Drei Wünsche dürft ihr thun; drei Wünsche sollen erfüllt werden." Hans drückte den Ellenbogen an den Arm seiner Frau, als ob er sagen wollte: Das lautet nicht übel. Die Frau aber war schon im Begriff, den Mund zu öffnen und etwas von ein paar

Dutzend goldgestickten Hauben, seidenen Halstüchern und dergleichen zur Sprache zu bringen, als die Bergfey sie mit aufgehobenem Zeigefinger warnte: „Acht Tage lang," sagte sie, „habt ihr Zeit. Bedenkt euch wohl, und übereilt euch nicht." „Das ist kein Fehler," dachte der Mann und legte seiner Frau die Hand auf den Mund. Das Bergfräulein aber verschwand. Die Lampe brannte wie vorher, und statt des Rosendufts zog wieder wie eine Wolke am Himmel der Öldampf durch die Stube.

So glücklich nun unsere guten Leute in der Hoffnung schon im voraus waren, und keinen Stern mehr am Himmel sahen, sondern lauter Baßgeigen, so waren sie jetzt doch recht übel dran, weil sie vor lauter Wunsch nicht wußten, was sie wünschen wollten, und nicht einmal das Herz hatten, recht daran zu denken oder davon zu sprechen, aus Furcht, es möchte für gewünscht passieren, ehe sie es genug überlegt hätten. Nun sagte die Frau. „Wir haben ja noch Zeit bis Freitag."

Des anderen Abends, während die Kartoffeln zum Nachtessen in der Pfanne prasselten, standen beide, Mann und Frau, vergnügt an dem Feuer beisammen, sahen zu, wie die kleinen Feuerfünklein an der rußigen Pfanne hin und her züngelten, bald angingen, bald auslöschten, und waren, ohne ein Wort zu reden, vertieft in ihrem künftigen Glück. Als die Frau aber die gerösteten Kartoffeln aus der Pfanne auf das Plättlein anrichtete, und ihr der Geruch lieblich in die Nase stieg: – „Wenn wir jetzt nur ein gebratenes Würstlein dazu hätten," sagte sie in aller Unschuld, und ohne an etwas anderes zu denken, und – o weh, da war der erste Wunsch gethan. Schnell, wie ein Blitz kommt und vergeht, kam es wie Morgenroth und Rosenduft untereinander durch das Kamin herab, und auf den Kartoffeln lag die schönste Bratwurst. Wie gewünscht, so geschehen. Wer sollte sich über einen solchen Wunsch und seine Erfüllung nicht ärgern? Welcher Mann über solche Unvorsichtigkeit seiner Frau nicht unwillig werden?

„Wenn dir doch nur die Wurst an der Nase angewachsen wäre," sprach er in der ersten Überraschung, auch in aller Unschuld, und ohne an etwas anderes zu denken – und wie gewünscht, so geschehen. Kaum war das letzte Wort gesprochen, so saß die Wurst auf der Nase des guten Weibes fest, wie angewachsen

im Mutterleib, und hing zu beiden Seiten hinab wie ein Husaren-Schnauzbart.

Nun war die Noth der armen Eheleute erst recht groß. Zwei Wünsche waren gethan und vorüber, und noch waren sie um keinen Heller und um kein Weizenkorn, sondern nur um eine böse Bratwurst reicher. Noch war ein Wunsch zwar übrig. Aber was half nun aller Reichthum und alles Glück zu einer solchen Nasenzierrath der Hausfrau? Wollten sie wohl oder übel, so mussten sie die Bergfey bitten, mit unsichtbarer Hand Barbiersdienste zu leisten, und Frau Liese wieder von der vermaledeiten Wurst zu befreien. Wie gebeten, so geschehen, und so war der dritte Wunsch auch vorüber, und die armen Eheleute sahen einander an, waren der nämliche Hans und die nämliche Liese nachher wie vorher, und die schöne Bergfey kam niemals wieder.

Merke:

Wenn dir einmal eine Bergfey also kommen sollte, so sei nicht geizig, sondern wünsche:

Numero Eins: Verstand, dass du wissen mögest, was du

Numero Zwei wünschen sollest, um glücklich zu werden. Und weil es leicht möglich wäre, dass du alsdann etwas wählest, was ein thörichter Mensch nicht hoch anschlägt, so bitte noch

Numero Drei: um beständige Zufriedenheit und keine Reue.

Oder so:

Alle Gelegenheit, glücklich zu werden, hilft nichts, wer den Verstand nicht hat, sie zu benutzen.

Die Hinrichtung mit der Wurst

Die Bratwurst ist gerne auf der Seite der Schwachen, der Untertanen, gar der Tölpel. Und sie steht nicht zuletzt dem Beherzten zur Seite, der es wagt, gegen das Unrecht und die Willkür der Herrschenden aufzubegehren. So lautet ein alter Schwank:

Ein Hofnarr hatte seinen König mit einem Possen erschreckt, und der König war so böse, dass er ihn zum Tode verurteilen ließ. Der Narr wurde gebunden und auf einen Stuhl gesetzt und der Henker wurde gerufen. Er trat hinter den Narren und versetzte ihm einen Schlag in den Nacken – aber nicht mit einem Schwert, sondern mit einer langen Wurst! Und was geschah? Der Narr fiel um, wie vom Blitz getroffen, offenbar hatte ihn der Schreck getötet. Das jammerte den König des Narren, und er rief von Reue bewegt: „Ach, dass du noch lebest! Eine solche Wurst, die dich getötet hat, aber aus Gold würde ich geben, könnte ich dich wieder zum Leben erwecken!" Da sprang der Narr, der nur den Toten gespielt hatte, auf die Füße und rief: „Her mit der Wurst, Gevatter König; ich lebe, und nun haltet Euer Versprechen."

Bratwurst für Prominente

Noch in der modernen Literatur nimmt die Bratwurst gelegentlich eine exponierte Stellung ein. Peter Zeidlers Kriminalgeschichte „Bratwurst für Prominente" zum Beispiel beginnt in Zürich beim „Vorderen Stern", wo es die beste Bratwurst der Stadt gibt. Hier treffen die beiden Protagonisten von Zeidlers Erzählung aufeinander, ein verarmter Börsenspekulant und ein Privatdetektiv. Die Bratwurst ist Teil einer gesellschaftlichen Kulisse, in der die Imbissbude den Gegenpol zur feinen Gesellschaft markiert, die auf der Straßenseite gegenüber die Oper besucht. Hier das Volk und die Bratwurst mit

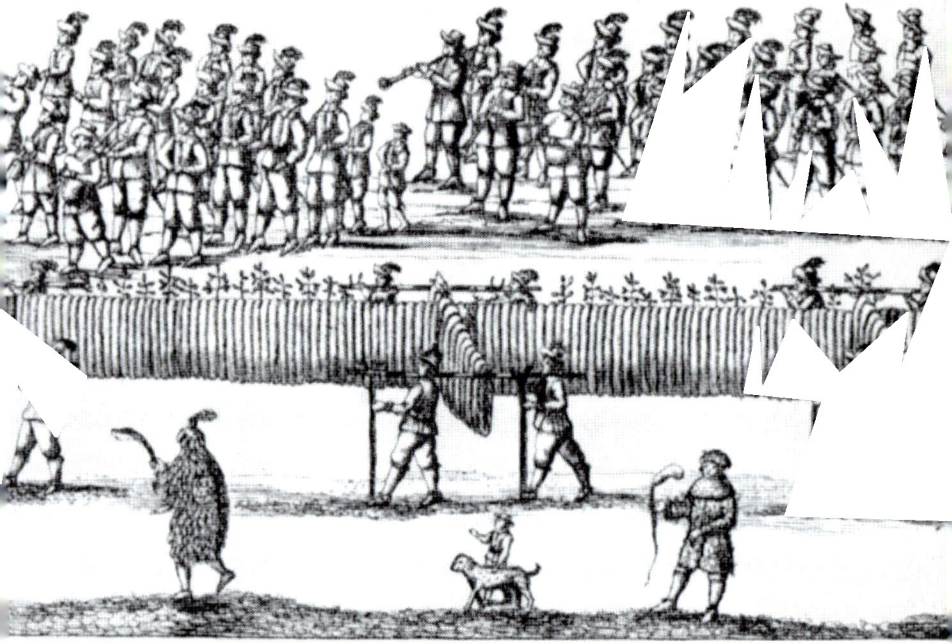

Alexander Böhner: Die Riesenbratwurst von Nürnberg, 1658

Bier, dort eine wohlhabende Elite, Kreuzfahrten und fünfgängige Menüs. Wer es sich leisten kann, pendelt stilvoll zwischen den Welten, gibt sich volksnah und signalisiert doch deutlich, in welchen Kreisen er eigentlich verkehrt.

Die Bratwurst liebäugelt nicht mit Moden und Trends, sie ist immer für alle da. Man kann sie an Imbissbuden und vom Gartengrill essen, aber sie lässt sich auch an der sonntäglichen Tafel und in noblen Restaurants servieren. Mit dieser Vielseitigkeit besticht sie; das uralte Lebensmittel lässt nicht davon ab, den Leuten in unzähligen Variationen zu schmecken. Vielleicht tragen sie die Bratwurst deswegen immer weiter hinaus aus ihren Heimatlandschaften in die Welt, noch das fremdeste Herz zu locken und zu erobern.

Bratwurst in aller Munde

Man muss die Wurst braten, wie die Leute sie essen wollen.

Sich eine Extrawurst braten.

In der Not schmeckt die Wurst auch ohne Brot.

Alles hat ein Ende, nur die Wurst hat zwei.

Das ist mir Wurst.

Ich bin doch nicht dein Hanswurst.

Der ist so viel Wert wie die Wurst am Freitag (am Freitag wird kein Fleisch gegessen).

Dem seine Wurst hat drei Zipfel (ein Angeber).

Der leugnet, und wenn ihm der Wurstzipfel zum Maul raushängt.

Mit der Wurst nach dem Schinken werfen (kleiner Einsatz, großer Gewinn).

Verschwinde, wie die Wurst im Spinde (rasch).

Noch in Abrahams Wurstkessel sein (noch nicht geboren sein).

Ohne Wurst und Speck hat das Leben keinen Zweck.

Vegetarier sind Menschen, die ihre Wurst beim Gärtner kaufen.

Literatur und Quellen

von Arnim Achim/Brentano, Clemens: Des Knaben Wunderhorn. Winkler Verlag, München 1957

Grashäuser, Jochen/Schäffer, Walter: Das fränkische Bratwurstbuch. Kulturgeschichte einer Spezialität. SG-Verlag, Erlangen 1994

Hebel, Johann Peter: Aus dem Schatzkästlein des Rheinischen Hausfreundes und andere Schwänke. Vitalis, Furth im Wald 2001

Hellinger, Gisela: Die Bratwurst. Ein künstlerischer Leckerbissen. Ars Vivendi, Cadolzburg 2003

Höllerl, Heinrich: Die Bratwurst ist eine Fränkin. Genüssliche Monographie eines Kult-Nahrungsmittels nebst Navigationssystem von Mittelfranken bis Thüringen einschließlich befreundetem Ausland. Echter, Würzburg 2004

Hugo, Victor: Notizen von einer Rheinreise. Edition Langewiesche Brandt, Ebenhausen 1965

Johann, Ernst: Das Jahr des Metzgers. Der Lissnerschen Wurstologia anderer Band. Johannes Weisbeck, Frankfurt am Main 1957

Kinder- und Hausmärchen. Gesammelt durch die Brüder Grimm. Band 1. Aufbau Verlag, Berlin und Weimar 1989

Koch, Hermann: Die Fabrikation feiner Fleisch- und Wurstwaren. Verlagshaus Sponholz, Frankfurt am Main 1978

Lissner, Erich: Wurstologia oder Es geht um die Wurst. Hanserpresse, Frankfurt am Main 1939

Nagel, Kurt/Schlimpf, Benno P.: Das Fleischerhandwerk in der bildenden Kunst. Kunstgeschichte des Fleischerhandwerks. Verlag C. F. Rees, Heidenheim 1982

Saul, Harald: Familienrezepte aus Franken. Buch Verlag für die Frau, Leipzig 2002

Stahl, Ernst: Thüringer kennen nicht nur die Bratwurst. Rhino-Verlag, Arnstadt/Weimar 1995

Zeidler, Peter: Bratwurst für Prominente. Europa-Verlag, München 2002

Abbildungen

Seite 6, 11, 14, 16, 19, 49, 51, 53, 58: Thomas Permanseder, München
Seite 8: Staatliche Graphische Sammlung, München: Die Königsberger Riesenbratwurst von 1600. Aquarellierter Stich aus dem 18.Jh. / und Abb. S. 38
Seite 22: CMA Centrale Marketinggesellschaft der deutschen Agrarwirtschaft
Seite 24: Gerhard Schenkel, Sulzfeld am Main
Seite 26: Staatliche Kunstbibliothek, Berlin: Bratwurströsterin auf dem Wurstmarkt. Kupferstich um 1750
Seite 45, 54, 68, 71: Bayerisches Staatsministerium für Landwirtschaft und Forsten München (45: Oberpfälzer Bauernseufzer; 54: Nürnberger Rostbratwurst; 68: Blaue Zipfel; 71: Stabenwürste)
Seite 75: Wappen der Familie Wurstiden. 16. Jh.
Seite 77: Preußische Staatsbibliothek, Berlin
Seite 85: Stadtbibliothek Nürnberg: Alexander Böhner: Die Riesenbratwurst von Nürnberg 1658

Von einigen Abbildungen und Texten konnten keine Rechteinhaber ermittelt werden. Bitte setzen Sie sich gegebenenfalls mit dem Verlag in Verbindung.